Veröffentlicht bei der Mammut Presse, Bühl
1. Auflage: 2000, 1984
Copyright 1978 by Akwesasne Notes, Mohawk Nation, Via Roosevel-
town, New York
Übersetzung aus dem Amerikanischen: Janet Woolverton, Cornelia Hert-
ling, Klaus Weber
Satz: Dietmar Günther, pala-verlag, Schaafheim
Gesamtherstellung und Druck: Fuldaer Verlagsanstalt, Fulda
ISBN 3-92 43 07-01-6

Bezug von Einzelexemplaren gegen Überweisung von 9,80 DM auf Post-
scheckkonto 1914 52-751, J. O. Weber in Bühl, PschA Karlsruhe

Ein Ruf zur Einsicht

"A Basic Call to Consciousness"

Die Botschaft der Irokesen an die westliche Welt
geschrieben für die Konferenz der Nicht-Regierungsgebundenen Organisationen bei der UNO zur
Situation der Eingeborenen Völker beider Amerika
im September 1977 in Genf

Die sechs Nationen

Die Irokesen, die sich selbst Hau de no sau nee nennen, sind ein Zusammenschluß folgender sechs indianischer Nationen:

Mohawk
das Feuerstein-Volk

Onondaga
das Hügelvolk

Seneca
das Volk vom
großen Berg

Oneida
das Volk vom
stehenden Stein

Cayuga
das Volk der
großen Pfeife
oder
das Sumpf-Volk

Tuscarora
das Volk des Hemdes,
seit 1712 der sechste
Bündnispartner

Das Langhaus, die traditionelle Wohnstätte der Irokesen, steht auch symbolisch für den Zusammenschluß der sechs Nationen.

Ursprüngliches
Siedlungsgebiet
der sechs Nationen

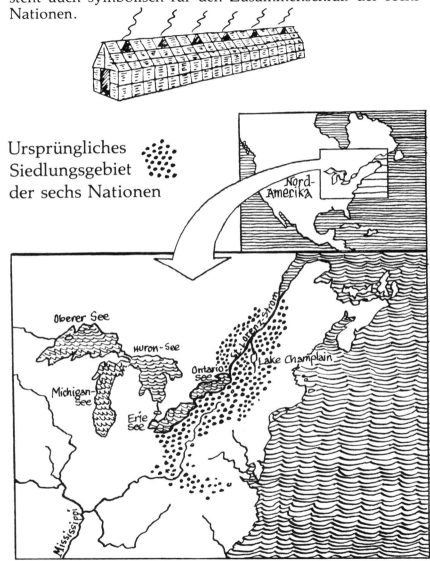

Danken möchten wir
Claus Biegert für gute Tips und Titelbildidee
Eberhard Bremer und Gundi Schepp für germanistischen Beistand
Wolfgang Hertling für die tatkräftige Hilfe beim letzten Schliff
Spack Kreutzer für die Idee und die Schwitzhütten

Bildnachweis
Das Umschlagbild zeigt zweierlei:
Zum einen ein irokesisches Bildsymbol mit folgender Bedeutung: ,,Ein
Häuptling ruft das Volk zum Ratsfeuer". Zum anderen den auch im Text
erwähnten Zwei-Reihen-Wampun-Gürtel.
Der Gürtel symbolisiert die Vereinbarung, unter der die Irokesen die
Weißen auf ihrem Land willkommen hießen. ,,Wir werden nicht wie Va-
ter und Sohn sein, sondern wie Brüder. Diese zwei Reihen sollen Schiffe
symbolisieren, die zusammen denselben Fluß hinunterfahren. Eins ist für
das ursprüngliche Volk, seine Gesetze und seine Gebräuche, und das an-
dere für das europäische Volk und dessen Gesetze und Bräuche. Wir werden beide zusammen den Fluß befahren, aber jeder in seinem eigenen
Boot. Keiner von uns wird versuchen, das Schiff des anderen zu steuern."
Diese Vereinbarung ist von den Irokesen bis heute eingehalten worden.
Die Photographie im Innentitel stammt von Dick Bancroft und zeigt die
indianischen Delegationen 1977 in Genf.
Die anderen Photos im Text sind von Martin Dürk und Klaus Weber.
Die gesamten graphischen Arbeiten stammen aus dem Biberstudio.

Inhaltsverzeichnis

Einleitung

Vor nicht allzu langer Zeit waren die Hau de no sau nee — auch bekannt als die Sechs Nationen — ein einflußreiches Volk, das ein ausgedehntes Gebiet besiedelte, welches sich von Vermont bis Ohio und vom heutigen Quebec bis Tennessee erstreckte. Als die Weißen im frühen 17. Jahrhundert zum ersten Mal mit den Hau de no sau nee in Berührung kamen, bewohnten diese Hunderte von Städten und Dörfern innerhalb dieses Gebietes.

,,Hau de no sau nee" bedeutet ,,Volk, das baut" und ist der richtige Name des Langhaus-Volkes. Die frühe Geschichte berichtet, daß es noch lange vor der Ankunft der Indo-Europäer auf diesem Kontinent eine Zeit gab, in der die Völker der nordamerikanischen Wälder in Krieg und Streit miteinander lebten. Innerhalb solch einer kriegerischen Periode fand die Ankunft jenes Mannes statt, der Worte und Taten des Friedens im Land verkündete — und später der ,,Friedensbringer" genannt werden sollte.

Die Botschaft des Friedensbringers an das Volk lautete, daß die Menschen aufhören sollten sich gegenseitig Leid zuzufügen, da sie die Gabe der Vernunft besäßen, dank derer alle Menschen den Frieden herbeisehnten. Alle Völker sollten sich demgemäß zusammenschließen, um den Frieden unter allen Menschen, die auf der Erde lebten, zu sichern. Dies ist der ursprüngliche Grundgedanke der Gesetzgebung, deren eigentlicher Sinn es war, das Unrecht und Leid zu verhindern, das sich die Menschen gegenseitig zufügten.

Der Friedensbringer reiste im Gebiet des Langhaus-Volkes von Nation zu Nation, auf der Suche nach Menschen, die seinen Weg des Friedens, und somit auch der Einsicht und Kraft, zu gehen bereit waren. Seine erste Station führte ihn zu den Ganienkehaga, dem Volk des Feuersteins (Mohawk), wo er sich darum bemühte, die gefährlichsten Vertreter dieses Volkes anzusprechen und ihnen seine Botschaft anzubieten.

Er hielt sich lange bei den Mohawks auf, um schließlich auch das Volk vom Stehenden Stein (Oneida), das Volk der Hügel (Onondaga), das Volk des Sumpfes (Cayuga) und das Volk der großen Hügel (Seneca) aufzusuchen. Diese fünf Nationen waren es schließlich, die den Anfang machten und sein Friedensangebot annahmen. Die Nationen versammelten sich in einem Rat, um dort die Grundsätze vom sogenannten „Gayaneshakgowa" oder dem Großen Gesetz des Friedens festzulegen.

Man kann dem gedanklichen Einfluß, der von diesem Dokument ausging, nicht genügend Bedeutung beimessen. Es ist uns heute nahezu unmöglich, die Umstände seiner Entstehung nachzuvollziehen und dennoch stelle man sich vor, wie sich vor Jahrhunderten ein Naturvolk an der Spitze eines Sees inmitten eines damals noch jungfräulich anmutenden nordamerikanischen Waldes versammelte, um sich dort zu beraten. Die Grundsätze, die in dieser Versammlung ausgearbeitet wurden, sind bislang einzigartig und unerreicht in der Rechtsgeschichte. So wurde ein Gesetz entwickelt, das davon ausgeht, daß eine Hierarchie unweigerlich Konflikte schafft, und aufgrund dessen richtete man die bis ins kleinste Detail durchdachte Ordnung des gesellschaftlichen Lebens daraufhin aus, die interne Entstehung einer solchen Hierarchie zu verhindern.

Als nächstes betrachteten sie ihre eigene Geschichte, um an die Ursprünge dessen, was Konflikte zwischen den Menschen hervorruft, zu gelangen. So erkannten sie z. B., daß die Jagdreviere einen häufigen Konfliktherd darstellten, und trafen eine denkwürdige Entscheidung: sie hoben die Bedeutung einzeln abgegrenzter Reviere auf und garantierten jedem Sicherheit, der das Land der Hau de no sau nee betrat. Sie einigten sich auf allgemein gültige Gesetze über die Behandlung von Wild und die Jagd als solche, da gerade dies häufig die Ursache von Streitigkeiten war. Im Land der Hau de no sau nee waren alle Menschen frei, alle hatten ein Recht auf Schutz unter dem, was der Friedensbringer den „Großen Baum des Friedens" nannte.

Die Grundprinzipien der Friedenserhaltung gingen jedoch über die bloße Abschaffung der Konfliktherde hinaus. Eine geordnete Gesellschaft, die in der Lage ist, Menschen vor Unrecht zu schützen und gleichzeitig dafür sorgt, daß keine Hierarchie entsteht, ist eine vielfältige und zugleich ganzheitliche Gesellschaft. Das Volk des Langhauses wollte die Grundsätze des Friedens von den Ratsfeuern weg in jede Behausung im Lande der Hau de no sau nee tragen und so stellt das Große Gesetz mehr als nur einen bloßen Verhaltenskodex dar: es ist auch der Ausgangspunkt für die Entstehung der modernen Klans. In ihm finden die Versammlungsbräuche, sowie die Bräuche, Botschaften auf Wampungürteln auszutauschen und die Anführer zu ernennen, ihren Ursprung.

Die Hau de no sau nee erzogen ihre Kinder von Geburt an zur Teilnahme an den überlieferten Sitten und Gebräuchen. Die Wege des Volkes vom Langhaus waren in ihrem Wesen schon immer von großer spiritueller Kraft und es ist nicht zu leugnen, daß die Regierung, die Wirtschaft, ja alles, was Hau de no sau nee ist, eine tiefe spirituelle Verwurzelung besitzt.

Die folgenden Texte sind Stellungnahmen, die die Hau de no sau nee den nicht-regierungsgebundenen Organisationen der Vereinten Nationen im September 1977 in Genf vorgelegt haben. Die Nicht-Regierungsgebundenen Organisationen hatten um Berichte gebeten, die die Unterdrückung der eingeborenen Völker unter drei Themenstellungen beschreiben und durch mündliche Stellungnahmen vor den Ausschüssen ergänzt werden sollten. Der traditionelle Rat der Sechs Nationen in Onondaga entsandte dazu drei Schriftstücke, die eine gekürzte Analyse der westlichen Geschichte enthalten und zu einem Bewußtsein für das Heilige Netz des Lebens im Universum aufrufen.

Es ist ein Aufruf, von dem zu erwarten ist, daß er für eine gewisse Zeit sowohl ignoriert als auch mißverstanden werden wird. Und dennoch sind die Stellungnahmen als solche einzigartig — mit ihnen wird einem repräsentativen Welt-Gremium eine politische Erklärung vorgelegt, die darauf hinweist, daß die Zerstörung der natürlichen Welt und der Naturvölker das deutlichste Anzeichen dafür ist, daß die Menschen auf diesem Planeten in großer Bedrängnis sind. Es ist ein Appell an ein grundlegendes Bewußtsein, welches uralte Wurzeln und ultramoderne, sogar futuristische Erscheinungsweisen besitzt.

Es ist eine Erklärung, die auf die Tatsache hinweist, daß die Menschen sich gegenseitig Leid und Unrecht zufügen, daß sie den Planeten, auf dem sie leben, und sogar sich selbst zerstören. Es ist eine Botschaft — sicherlich die erste, die jemals einem Weltgremium übergeben wurde, die den Prozeß dieser Mißhandlungen und Zerstörung mit der westlichen Zivilisation in ihrer Bedeutung als Lebensweise gleichsetzt und die ungeheure Tragweite dieser Feststellung anerkennt.

Was hier von der politisch mächtigsten und unabhängigen nicht-westlichen politischen Körperschaft, die in Nord-Amerika überlebt hat, vorgelegt wird, ist nichts Geringeres als eine Entstehungsgeschichte der industrialisierten Welt. Es ist sozusagen die moderne Welt durch steinzeitliche Augen gesehen.

Im Zeitalter von Neutronenbombe, Watergate und Atomenergie werden sowohl Wissenschaftler wie auch die zufälligen Leser dieses Schriftstückes die Bedeutung einer Stellungnahme eines nordamerikanischen indianischen Volkes sicherlich in Frage stellen. Aber es lassen sich etliche Gründe dafür anführen, daß ein solches Schriftstück unserer Zeit durchaus angemessen ist. Die meisten Traditionen auf der Welt, die noch Gültigkeit haben, sind ziemlich jungen Ursprungs. Der Islam mag gerade fünfzehnhundert Jahre alt sein, das Christentum beruft sich auf eine Geschichte von etwa zweitausend Jahren, und der jüdische Glaube ist etwa zweitausend Jahre älter.

Aber die eingeborenen Völker können sich auf eine Tradition berufen, die mindestens bis zum Ende der letzten Eiszeit zurückreicht und mit aller Wahrscheinlichkeit noch viel weiter.

Es gibt Beweise dafür, daß menschenähnliche Wesen seit mindestens 2 Millionen Jahren auf der Erde leben, und daß Menschen, die uns zumindest sehr ähnlich sahen, in der nördlichen Hemisphäre mindestens bis zur zweiten Zwischeneiszeit Spuren ihrer Existenz hinterlassen haben. Menschen, die mit dem Glauben der Hau de no sau nee vertraut sind, werden erkennen, daß es in der modernen Wissenschaft Beweise dafür gibt, daß die heutigen Sitten der Eingeborenen sich nicht wesentlich von denen unterscheiden, die von früheren Völkern vor mindestens siebzigtausend Jahren praktiziert wurden. Würde ein irokesischer Traditionalist sich mit der Entwicklung des eiszeitlichen Menschen befassen, dürfte er ohne weiteres feststellen, daß er über die ältesten Glaubenssysteme der Welt bereits mehr weiß als jeder moderne Gelehrte.

Sei es wie es sein mag, der Standpunkt der Hau de no sau nee entspringt einer Philosophie, die die Menschheit mit geschichtlichen Wurzeln sieht, die Zehntausende von Jahren zurückreichen. Es ist eine gleichsam geologische Sichtweise, die den modernen Menschen als ein Kind ansieht, das nur einen sehr kurzen Abschnitt in einer unglaublich langen Zeitspanne einnimmt. Es ist die Perspektive des ältesten Ahnen, der sich das Tun und Handeln eines kleinen Kindes ansieht und feststellt, daß es unglaublich zerstörerische Dummheiten anrichtet. Es ist, kurzum, die Stellungnahme eines Volkes ohne Alter, das seine Geschichte bis zum Beginn der Zeit zurückverfolgen kann, und es spricht in diesem Fall zu einer Welt, die ihr Bestehen auf kaum mehr als fünfhundert Jahre zurückdatiert und in vielen Fällen noch um einiges weniger.

Dies ist, nach unserem Wissen, der erste Bericht dieser Art, der von einer Eingeborenen-Nation veröffentlicht wird. Was folgt sind nicht die Forschungsergebnisse von Psychologen, Historikern oder Anthropologen. Die folgenden Papiere sind die erste authentische Analyse der modernen Welt, die je von einer offiziellen Körperschaft eines eingeborenen Volkes in schriftlicher Form niedergelegt wurde.

Spiritualismus, die höchste Form politischen Bewußtseins

Die Botschaft der Hau de no sau nee an die Westliche Welt

Die Hau de no sau nee oder die irokesische Konföderation der Sechs Nationen existiert in diesem Land schon seit Menschengedenken. Unsere Kultur gehört zu den ältesten beständig existierenden Kulturen der Welt. Wir erinnern uns noch an die ersten Taten der Menschen. Wir erinnern uns an die ursprünglichen Weisungen der Schöpfer des Lebens an diesem Ort, den wir Etenoha, Mutter Erde, nennen. Wir sind die Ongwhehonwhe — das wirkliche Volk.

Am Anfang wurde uns gesagt, daß alle menschlichen Wesen, die auf der Erde wandelten, mit den lebensnotwendigen Dingen ausgestattet worden seien. Wir wurden angewiesen, einander Liebe entgegenzubringen und allem Leben auf dieser Erde große Ehrfurcht zu erweisen. Wir sehen, daß unser Leben von dem Leben der Bäume, sowie unser Wohlergehen von dem Wohlergehen allen pflanzlichen Lebens abhängt. Wir erkennen, daß wir mit allen vierbeinigen Wesen auf dieser Erde eng verwandt sind. Für uns ist das spirituelle Bewußtsein die höchste Form der Politik.

Unser Pfad ist ein Pfad des Lebens. Wir glauben fest daran, daß alles Leben ein spirituelles Wesen besitzt, eine Energieform, die sich in einer stofflichen Gestalt manifestiert hat. So ist ein Grashalm Energie, die sich in Gras-Materie verkörpert, und der Geist des Grases ist jene unsichtbare Kraft, die

14

die Spezies Gras hervorbringt und uns in Gestalt des wirklichen Grases erscheint.

Alle Dinge auf der Welt sind wirkliche, stoffliche Dinge. Die Schöpfung ist eine wirkliche, stoffliche Erscheinung, die sich uns durch die Wirklichkeit manifestiert. Das spirituelle Universum enthüllt sich dem Menschen in der Schöpfung, die uns und alle Wesen am Leben erhält. Wir glauben, daß der Mensch wirklich ein Teil der Schöpfung ist, und daß es seine Pflicht ist, das Leben im Verband mit allen anderen Wesen zu erhalten. Aus diesem Grund nennen wir uns Ongwhehonwhe — das Wirkliche Volk.

Die Urweisungen leiten uns, die wir auf Erden wandeln, dazu an, allen Geistern, die Leben schaffen und Leben erhalten, große Ehrfurcht, Zuneigung und Dankbarkeit zu erweisen. Wir grüßen und wir danken all jenen, die unser eigenes Leben erhalten — dem Mais, den Bohnen, dem Kürbis, den Winden und der Sonne. Wenn die Menschen aufhören, all diesen Dingen Respekt und Dank zu erweisen, wird alles Leben zerstört werden und das menschliche Leben auf diesem Planeten zu einem Ende kommen.

Wir sind tief verwurzelt in dem Land, auf dem wir leben. Wir hegen eine große Liebe für unser Land, denn es ist die Stätte unserer Geburt. Die unzähligen Gebeine unserer Vorfahren liegen in diesem Boden begraben und verleihen ihm seinen Reichtum. Ein jeder von uns findet hier seinen Ursprung und es ist unsere Pflicht, das Land mit großer Sorgfalt zu behandeln, da aus ihm auch die zukünftigen Generationen der Ongwhehonwhe erwachsen werden. Wir bewegen uns mit großer Ehrfurcht auf diesem Land, denn die Erde ist ein geheiligter Ort.

Wir sind kein Volk, das Forderungen stellt oder die Schöpfer des Lebens um etwas bittet — wir grüßen sie und danken ihnen dafür, daß alle Kräfte des Lebens noch immer in Bewegung sind. Wir haben ein tiefes Verständnis für unsere Verwandschaft zu allem Leben auf dieser Erde. Bis heute sind die wenigen Gebiete, die uns noch geblieben sind, reich an Bäumen, Wild und anderen Geschenken der Schöpfung. Hier werden wir noch reichhaltig von Mutter Erde ernährt.

Wir haben bemerkt, daß nicht alle Menschen auf dieser Erde die gleiche Achtung vor dieser Welt und ihren Lebewesen zeigen. Die Indo-Europäer, die unser Land kolonisiert haben, haben für jene Dinge, die das Leben erschaffen und erhalten, wenig Achtung gehegt. Wir glauben, daß diese Menschen schon vor langer Zeit ihren Respekt für die Erde verloren haben. Vor vielen Tausenden vor Jahren glaubten noch alle Menschen der Welt an denselben Pfad des Lebens, der in Einklang mit dem Universum geht. Sie alle lebten in Übereinstimmung mit den natürlichen Wegen.

Vor etwa zehntausend Jahren lebten Indo-Europäer in jenen Gebieten, die uns heute als russische Steppen bekannt sind. Zu jener Zeit waren sie ein Naturvolk, das sich ausschließlich von der Erde ernährte. Sie hatten den Ackerbau entwickelt, und es heißt, daß sie bereits damit begonnen hatten, Tiere zu domestizieren. Es ist nicht erwiesen, daß sie die ersten Menschen waren, die Tiere für den Hausgebrauch nutzbar machten. Die Jäger und Sammler, die die Gegend durchstreiften, erwarben wahrscheinlich Tiere von den Ackerbauern und bauten ein Wirtschaftssystem auf, das auf der Haltung und Zucht von Tieren basierte.

Die Haltung und Zucht von Tieren wiesen auf eine grundlegende Veränderung in der Beziehung des Menschen zu anderen Formen des Lebens hin. Sie setzten eine wahre Revolution innerhalb der menschlichen Geschichte in Gang. Bevor sie mit der Viehhaltung begannen, waren die Menschen davon abhängig gewesen, daß die Natur die Fortpflanzungsfähigkeit der Tierwelt selbst regelte. Mit dem Beginn der Viehzucht maßten sich die Menschen jene Funktionen an, die seit jeher Aufgabe der Tiergeister gewesen waren. Nur kurze Zeit danach tritt jenes soziale Gefüge zum ersten Mal in Erscheinung, das uns als ,,Patriarchat" bekannt ist.

Das Gebiet zwischen Euphrat und Tigris war in vergangenen Zeiten die Heimat der verschiedensten Völkergruppen

16

gewesen, von denen sich viele der semitischen Sprachen bedienten. Die Semiten waren eines der ersten Kulturvölker auf der Welt, das Bewässerungssysteme entwickelte. Diese Entwicklung führte zu der frühzeitigen Gründung von Städten und schließlich von Großstädten. Die Manipulation des Wassers — wiederum eine Form spirituellen Lebens — stellt einen weiteren Schritt der Menschheit dar, sich mittels der Technologie einen weiteren Aufgabenbereich der Natur anzueignen.

Innerhalb dieser Kulturen kristallisierten sich hierarchische Gesellschaftsformen heraus. Eine der Ursachen für die Entstehung imperialistischer Bestrebungen in den alten Zivilisationen liegt gerade in dem besonderen Wesen der Großstädte. Großstädte sind unverkennbare Ballungszentren, die gezwungen sind, ihre materiellen Bedürfnisse durch Einfuhr aus dem Umland abzudecken. Das wiederum bedeutet, daß die natürliche Welt den Interessen der Großstadt unterworfen und von ihr benutzt und ausgebeutet wird. Um diesen komplexen Prozeß in den Griff zu bekommen, entwickelte die semitische Kultur frühe Gesetzestexte. Ebenso riefen sie den Gedanken des Monotheismus ins Leben, um eine spirituelle Grundlage für ihre materielle und politische Gesellschaftsstruktur zu schaffen.

Die Kämpfe zwischen den indo-europäischen und den semitischen Völkergruppen nehmen einen Großteil der Geschichte der Antike ein. Beide Kulturen trafen über einen gewaltigen Zeitraum von mehreren tausend Jahren aufeinander, um sich schließlich völlig zu vermischen. Im zweiten Jahrtausend vor Christus hatten einige indo-europäische Völkergruppen — vornehmlich die Griechen — die Praxis des Städtebaus übernommen und wurden so zwangsläufig in jenen Prozeß verwickelt, den sie „Zivilisation" nannten.

Beide Kulturen entwickelten Technologien, die den besonderen Gegebenheiten ihrer Zivilisation angepaßt waren. Die semitischen Völker erfanden Brennöfen, die die Herstellung von Keramik für den Handel und für die Lagerung von Vorräten ermöglichten. Aus diesen ursprünglich noch primitiven Brennöfen entwickelten sich nach und nach Öfen, die genügend Hitze erzeugen konnten, um Metalle zu schmelzen, insbesondere Kupfer und Zinn. Die Indo-Europäer entwickelten schließlich eine Methode, um sogar Eisen zu schmelzen.

Rom übernahm das Erbe dieser beiden Kulturen und war die Stätte, an dem ihre endgültige Vermischung stattfand. Man kann Rom auch als die eigentliche Geburtsstätte des Christentums betrachten. Jener Prozeß, dem die westliche Kultur entspringt, läßt sich geschichtlich und sprachlich von der semitisch/indo-europäischen Kultur ableiten, wird jedoch als jüdisch-christliche Tradition bezeichnet.

Das Christentum hatte einen wesentlichen Anteil an der frühen Entwicklung dieser Art von Technologie. Das Christentum verehrte nur einen Gott. Es war eine Religion, die neben sich keinen anderen Glauben duldete. Die Eingeborenen der europäischen Wälder glaubten an die Geister der Wälder, der Gewässer, der Hügel und der Erde. Das Christentum ging gewaltsam gegen einen solchen Glauben vor und entspiritualisierte die europäische Welt gründlich. Die christlichen Völker, die eine überlegene Bewaffnung besaßen und einen nahezu unersättlichen Drang nach Expansion hegten, waren ohne weiteres in der Lage, die europäischen Stammesvölker militärisch zu unterwerfen.

Die Verfügbarkeit von Eisen ermöglichte die Entwicklung von Werkzeugen, mit deren Hilfe man die Wälder roden konnte, die wiederum eine Quelle für Holzkohle waren, mit der man mehr Werkzeuge herstellen konnte. Das neugerodete Land wurde dann mit dem neu entwickelten Eisenpflug bearbeitet, der zum ersten Mal von Pferden gezogen wurde. Dank dieser Technologie benötigte man viel weniger Menschen, um viel mehr Land zu bearbeiten, wodurch andere Menschen wiederum gründlich entwurzelt und gezwungen wurden, Soldaten oder besitzlose Landarbeiter zu werden. Der Aufstieg dieser Technologie bereitete den Weg für die Feudalzeit und ermöglichte nach und nach die Entstehung neuer Großstädte und einen wachsenden Handel. Ebenso kündigte er den Anfang vom Ende des europäischen Waldes an, obgleich dieser Prozeß noch erhebliche Zeit bis zu seiner Vollendung bedurfte.

Die letztendliche Entstehung von Großstädten und der gleichzeitige Aufstieg der europäischen Staaten schufen jenen Drang nach Expansion und nach neuen Märkten, welcher Männer wie Kolumbus über den Atlantik segeln ließ. Die Entwicklung von Segelschiffen und Navigationsinstrumenten machte die ,,Entdeckung" Amerikas unvermeidlich.

Amerika bot den Europäern neue unendliche Weiten, um ihren Drang nach Expansion und materieller Ausbeutung zu stillen. Und so lieferte Amerika die Rohstoffe, ja selbst die Fertigprodukte, für jene neu heranwachsende Weltwirtschaft, die sich auf indo-europäischen Technologien aufbaute. Die Geschichte der europäischen Zivilisation ist von Auf- und Niedergängen geprägt, da ihre Technologien immer wieder an ihre materiellen und kulturellen Grenzen gestoßen sind. Die begrenzte Natürliche Welt hat schon immer für so etwas wie ein selbsttätiges Gegengewicht zum westlichen Expansionsdenken gesorgt.

Die Indo-Europäer fielen über jeden erdenklichen Bereich Nordamerikas mit einer unvergleichlichen Gier her. Die Eingeborenen wurden gnadenlos vernichtet, da sie sich nicht in die westliche Zivilisation einpassen zu können schienen. Die Wälder lieferten das Holz für noch größere Schiffe, das Land war so unverbraucht und fruchtbar, daß es landwirtschaftliche Überschüsse abwarf, und manche Gegenden versorgten die vorrückenden Eroberer mit Arbeitskräften, sprich Sklaven. Bis Mitte des 19. Jahrhunderts, also zum Zeitpunkt der industriellen Revolution, war Nordamerika im Bereich der Entwicklung von ausbeutenden Technologien bereits führend.

Die Hartholzwälder des Nordostens wurden nicht gerodet, um Ackerland freizugeben, sondern für die Gewinnung von Holzkohle für die Schmiedefeuer der Eisengießer und

Schmiede. Um 1890 hatte sich der Westen der Kohle zugewandt, jenem fossilen Brennstoff, der die Energie lieferte, die für die vielen neuentwickelten Maschinen gebraucht wurde. In der ersten Hälfte des 20. Jahrhunderts hatte Öl die Kohle als Hauptenergiequelle bereits wieder verdrängt.

Die westliche Kultur hat die Natürliche Welt auf grausame Weise ausgebeutet und zerstört. Über 140 Tierarten wurden seit der Ankunft der Europäer in Amerika ausgerottet, und das zum größten Teil nur aus dem Grund, weil sie in den Augen der Eindringlinge nutzlos erschienen. Die Wälder wurden eingeebnet, das Wasser vergiftet, und die Eingeborenen von einem fortschreitenden Völkermord bedroht. Von den unermeßlichen Herden von Pflanzenfressern überlebten einige Handvoll, der Büffel wurde beinahe völlig ausgerottet. Die westliche Technologie und die Menschen, die sich ihrer bedienen, stellen das erstaunlichste Zerstörungspotential dar, das die Menschheit jemals gekannt hat. Keine Naturkatastrophe der Geschichte hat jemals so viel Zerstörung angerichtet. Selbst der Eiszeit sind nicht so viele Opfer zuzuschreiben.

Aber wie die Hartholzwälder, so sind auch die Vorräte an fossilen Brennstoffen nur begrenzt. Mit dem Voranschreiten der zweiten Hälfte des zwanzigsten Jahrhunderts haben die Menschen des Westens angefangen, nach anderen Formen von Energie Ausschau zu halten, um ihre Energieversorgung sicherzustellen. Ihre Augen fielen auf die Atomenergie, eine Form von Energieerzeugung, deren Nebenprodukte die giftigsten Substanzen sind, die die Menschheit jemals gekannt hat.

Heute steht die Menschheit vor der Frage nach ihrem blossen Überleben als Spezies Mensch. Die Lebensweise, die Inbegriff der westlichen Zivilisation ist, befindet sich auf einem Todespfad, dem ihre eigene Kultur keine lebensfähigen Antworten entgegenzusetzen hat. Wenn man die heutigen Menschen mit der Tatsache ihrer eigenen Destruktivität konfrontiert, weichen sie nur in Bereiche noch wirksamerer Zerstö-

20

rung aus. Das Auftreten von Plutonium auf unserem Planeten ist das deutlichste Zeichen dafür, daß die Menschheit in Gefahr ist. Die meisten westlich orientierten Menschen ziehen es vor, dieses Zeichen nicht zu beachten.

Die Luft ist verschmutzt, das Wasser vergiftet, die Bäume sterben, und immer mehr Tierarten sterben aus. Wir glauben, daß sich sogar das gesamte Klimabild der Welt in einer Veränderung befindet. Unsere alten Lehren haben uns vor eben diesen tödlichen Veränderungen gewarnt, sollte der Mensch sich anmaßen, in die Gesetze der Natur einzugreifen. Wenn der letzte Überrest des Natürlichen Weges verschwunden sein wird, wird auch jegliche Hoffnung für menschliches Dasein dahin sein. Unsere Lebensweise schwindet ebenso immer schneller, ein Opfer jener zerstörerischen Prozesse.

Die anderen Stellungnahmen der Hau de no sau nee beinhalten unsere Analyse der wirtschaftlichen und gesetzlichen Unterdrückung. Unsere wesentliche Botschaft an die Welt ist jedoch ein grundsätzlicher Appell an das Bewußtsein. Die Vernichtung der eingeborenen Kulturen und Menschen ist derselbe Prozeß, der auch anderes Leben auf diesem Planeten zerstört hat und fortwährend zerstört. Die Technologien und sozialen Systeme, die die Tiere und das pflanzliche Leben bedrohen, bedrohen auch die Naturvölker. Dieser Prozeß ist die westliche Zivilisation.

Wir wissen, daß es viele Menschen auf der Welt gibt, die die Bedeutung unserer Botschaft rasch erfassen werden, aber die Erfahrung hat uns gelehrt, daß nur wenige von ihnen bereit sind, nach Möglichkeiten für eine wirksame Veränderung zu suchen. Wenn es jedoch eine Zukunft für alle Wesen auf diesem Planeten geben soll, müssen wir jetzt anfangen, nach Wegen für eine Veränderung zu suchen.

Jener Kolonialismus und der Imperialismus, die auf die Hau de no sau nee zerstörerisch eingewirkt haben, sind nur ein mikroskopisch kleines Abbild dessen, was auf die gesamte Welt einwirkt. Die Strategie, die angewandt wurde, um unser Volk einzuschränken, ist nur ein Abbild dessen, was geschieht, um die gesamte Erde auszubeuten. Seit den Tagen Marco Polos hat das Abendland jenen Prozeß verfeinert, der die Völker der Erde irregeführt hat.

Der größte Teil der Menschheit wurzelt nicht in der westlichen Kultur und Tradition. Die Mehrheit hat ihre Wurzeln in der Natürlichen Welt, und es sind die Natürliche Welt und deren Traditionen, die sich durchsetzen müssen, wenn wir wirklich freie und gleichberechtigte Gesellschaften aufbauen wollen.

Es ist heute mehr denn je notwendig, den Werdegang des Westens einer kritischen Analyse zu unterziehen, um die tatsächlichen Ursachen jener ausbeuterischen und unterdrückerischen Vorgänge aufzudecken, die der Menschheit aufgezwungen werden. Während wir diese Prozesse begreifen lernen, müssen wir für die restliche Menschheit die Geschichte neu deuten. Schließlich sind es doch die westlichen Menschen, die am stärksten unterdrückt und ausgebeutet werden. Auf ihnen liegt die Last von Jahrhunderten von Rassismus, Sexismus und einer Unwissenheit, die ihrer Kultur jegliches Gefühl für das wahre Wesen ihres Lebens genommen hat.

Wir alle müssen bewußt und ohne Nachlaß jedes Modell und Programm, das uns der Westen aufzuzwingen versucht, angreifen. Paulo Freire schrieb in seinem Buch *Die Pädagogik der Unterdrückten*, daß es in der Natur des Unterdrückten läge, seinen Unterdrücker nachzuahmen und sich durch eine solche Handlungsweise Erleichterung von seiner unerträglichen Situation zu verschaffen. Wir müssen lernen, dieser Antwort auf Unterdrückung zu widerstehen.

Die Bewohner dieses Planeten müssen Abschied nehmen von jener engstirnigen Auffassung von menschlicher Freiheit, und begreifen, daß die Befreiung etwas ist, was auf die ganze Natürliche Welt ausgedehnt werden muß. In erster Linie ist die Befreiung all jener notwendig, die Leben erhalten: der Luft, der Gewässer, der Bäume, all jener Dinge also, die das heilige Netz des Lebens zusammenhalten.

Wir glauben, daß die eingeborenen Völker der westlichen Hemisphäre weiterhin zu dem Überlebenspotential der menschlichen Rasse beitragen können. Die Mehrzahl unserer Völker lebt immer noch in Übereinstimmung mit Traditionen, die ihre Wurzeln in der Mutter Erde haben. Aber die eingeborenen Völker brauchen ein Forum, in dem ihre Stimme gehört wird. Wir brauchen Bündnisse mit anderen Völkern der Welt, die uns in dem Kampf unterstützen, das uns angestammte Land zurückzugewinnen und zu erhalten, und den Pfad des Lebens, dem wir folgen, zu schützen.

Wir wissen, daß dies eine sehr schwierige Aufgabe ist. Viele Nationen mögen sich dadurch bedroht fühlen, daß wir den Schutz und die Befreiung der Völker und Kulturen der Natürlichen Welt fordern — eine fortschrittliche Richtung, die in die politischen Strategien jener Menschen einbezogen werden muß, die danach streben, die Würde des Menschen zu erhalten. Aber unsere Position gewinnt an Stärke und stellt einen notwendigen Gesichtspunkt in der Entwicklung zukunftsweisender Gedanken dar.

Die traditionellen eingeborenen Völker haben den Schlüssel für die Umkehrung jener Prozesse in der westlichen Zivilisation, welche für die Zukunft unvorstellbare Leiden und Zerstörung versprechen. Spiritualismus ist die höchste Form politischen Bewußtseins. Und wir, die eingeborenen Völker der westlichen Hemisphäre gehören zu den auf der Welt noch überlebenden Trägern eines solchen Bewußtseins. Wir sind hier, um diese Botschaft weiterzugeben.

Die offenkundige Tatsache
unserer fortdauernden Existenz

Die Rechtsgeschichte der Hau de no sau nee

Seit Beginn der menschlichen Geschichte besiedeln die Hau de no sau nee jene klar abgegrenzten Gebiete, die wir unsere Heimat nennen. Die Besiedlung hat sich in geordneten Bahnen und kontinuierlich vollzogen. Ebenso lange wie die Grenzen unseres Landes feststehen, haben wir auch die ausschließlichen Nutzungsrechte innerhalb dieser Grenzen besessen und die Gebiete als ökonomische und kulturelle Grundlage unserer Nation angesehen.

Die Hau de no sau nee sind ein eigenständiges Volk, mit eigenen Gesetzen und Gebräuchen, eigenen Territorien, sowie einer eigenen politischen Organisation und Ökonomie. Kurzum, die Hau de no sau nee oder die Sechs Nationen erfüllen alle Bedingungen für eine eigenständige Nation.

Unsere sozial-politische Struktur gehört zu den umfassendsten, die noch auf der Welt bestehen. Ebenso ist die Ratsversammlung der Hau de no sau nee eine der ältesten, kontinuierlich arbeitenden Regierungen auf diesem Planeten. Unsere Gesellschaft ist eine der umfassendsten auf der Welt und unsere sozialen und politischen Einrichtungen haben so manchen Einfluß auf einige der westlichen Einrichtungen und politischen Philosophien der modernen Welt ausgeübt.

Die Verfassung der Hau de no sau nee, die den Europäern als die Verfassung der Sechs Nationen bekannt ist, nennt sich Gayanashakgowah oder das Große Gesetz des Friedens. Es ist das älteste gültige Dokument der Welt, das bereits jene Freiheiten anerkennt, deren Urheberrecht die westlichen Demokratien neuerdings für sich beanspruchen: die Freiheit der Rede, die Freiheit der Religionsausübung und das Recht der Frauen, an der Regierung teilzunehmen. Das Konzept der Gewaltenteilung sowie der Machtkontrolle und des Gleichgewichts innerhalb der Regierung läßt sich auf unsere Verfassung zurückführen und wurde von den Kolonisten, als Resultat ihres Kontaktes mit nordamerikanischen Eingeborenen, insbesondere den Hau de no sau nee, übernommen.

Auch die Philosophien der sozialistischen Welt lassen sich bis zu einem gewissen Grad auf den europäischen Kontakt zu den Hau de no sau nee zurückführen. Lewis Henry Morgan wies auf die wirtschaftliche Struktur der Hau de no sau nee hin, die er sowohl primitiv als auch kommunistisch nannte. Karl Marx benutzte Morgans Beobachtungen für die Entwicklung des Modells einer klassenlosen, nachkapitalistischen Gesellschaft. Die moderne Welt ist also durch die Tatsache unserer Existenz stark beeinflußt worden.

Es mag heutzutage merkwürdig erscheinen, daß wir hier sind, um die offensichtliche Tatsache unserer fortdauernden Existenz zu unterstreichen. Während unzähliger Jahrhunderte stand die Tatsache unserer Existenz außer Frage und für alle aufrichtigen Menschen ist das auch heute noch der Fall. Wir existieren seit unvorstellbaren Zeiten. Wir haben stets unsere Angelegenheiten gemäß unserer eigenen Gesetze und Gebräuche auf unserem eigenen Grund und Boden geregelt. Wir haben unter jenen Gesetzen und Gebräuchen niemals willentlich oder ausdrücklich unsere Gebiete und Freiheiten aufgegeben. Niemals in der Geschichte der Hau de no sau nee hat das Volk oder die Regierung einem europäischen Herrscher Treue und Ergebenheit geschworen. In dieser einfachen Tatsache liegen sowohl die Wurzeln unserer Unterdrückung als Volk wie auch der Sinn der Reise vor die Weltgemeinde.

Die Probleme, mit denen sich die jüngste Rechtsgeschichte der Hau de no sau nee auseinandersetzen muß, setzten schon lange vor dem ersten Kontakt der Europäer mit den Eingeborenen ein. Sie fingen spätestens mit dem Aufstieg des Feuda-

lismus in Europa an, da das einzige Recht, daß die Kolonial-
mächte Europas jemals anerkannt haben, das Feudalrecht
war — eine Tatsache, die sie sowohl vor ihrem eigenen Volk
wie auch vor den Eingeborenen über Jahrhunderte hinweg zu
verheimlichen gewußt haben. Dennoch bleibt diese Tatsache
als grundlegende Wirklichkeit für die Rechtsbeziehung, wie
sie zwischen den eingeborenen Völkern und den indo-
europäischen Gesellschaften geherrscht hat, bestehen.

Die Feudalgesellschaft Europas scheint die Folgeerschei-
nung einer ganzen Reihe von Bedingungen zu sein, die nach
Auflösung des römischen Reiches entstanden sind. Sie gründete auf einem System, innerhalb dessen sich die Herrscher
der Kriegerkasten genug Macht erwarben, um von den Krie-
gern Lehenstreue zu fordern. Es entstand in der Regel ein
Verwaltungszentrum, für gewöhnlich eine Burg, und um dieses pflegten sich Bauern anzusiedeln, die bei ihrem ,,Grafen",
dem Lehnsherren, Schutz vor Angriffen von außen suchten.

Es ist anzunehmen, daß durch die Entstehung neuer Technologien Wirtschaftsformen entstanden, die die feudale Gesellschaft in Europa möglich und vielleicht auch unvermeidlich machten.

Der Feudalherr herrschte oft mit diktatorischer Gewalt
über seine ,,Untertanen", insbesondere über die bäuerliche
Bevölkerung. Militärischer Schutz war auf Grund der ständi-
gen Fehden unter den verschiedenen Herren notwendig. Die
,,friedlichen Menschen", die Landbevölkerung, standen
machtlos zwischen den Fronten. Das Land und mit ihm die
Tiere, Pflanzen und Menschen, die darauf lebten, standen
völlig unter der Herrschaft des Feudalherren. Dieser verlang-
te von den Bauern Gefolgstreue, einen Teil der Ernte und
Frondienste. Der Feudalismus konnte erheblich brutaler und
demütigender sein, als es in vielen Geschichtsaufzeichnungen
beschrieben wird. So praktizierten einige Herren das, was
,,das Recht der ersten Nacht" genannt wurde — ein Brauch,
der dem Herrn das Recht auf die Braut eines Bauern einräum-
te.

Man muß um der Genauigkeit willen festhalten, daß vor dem Aufkommen des Feudalismus die meisten Ackerbauern Europas seßhafte Stammesvölker verschiedener Prägung waren. Der Feudalismus führte das Konzept von souveränen, diktatorischen Herrschern ein, deren Herrschaft sich auf militärische Macht gründete und das europäische System der Leibeigenschaft entstehen ließ.

Die Entstehung einer zentralisierten Exekutivgewalt unterscheidet die zivilisierten Gesellschaften von den primitiven. Es ist unwesentlich, ob diese Gewalt in einem feudalen Schloß oder in den Ministerien der Landeshauptstädte angesiedelt ist. Das Auftauchen des hierarchisch aufgebauten Staates kennzeichnet den Übergang vom allgemeinen Begriff des Ackerbauern zur spezifischen Definition des ,,Leibeigenen". Wenn der Bauer in eine Gesellschaft eingegliedert und von ihr abhängig wird, in der er den Forderungen von Menschen unterworfen ist, die nicht seiner eigenen Klasse angehören, dann wird er angemessenerweise als ,,Leibeigener" bezeichnet.

Der Status der mittelalterlichen Leibeigenen in Europa war kein angenehmer. Leibeigene besitzen keinerlei Rechte außer jenen, die ihnen von ihrem Herrn ausdrücklich eingeräumt werden. Sie können keinerlei rechtliche Ansprüche auf das Land erheben, das sie bewohnen und bewirtschaften, denn die absolute Landeshoheit kommt alleine dem Landesherren zu. Die leibeigene Landesbevölkerung wurde oft wie Besitz gehandelt — sie wurde ge- und verkauft und mit dem Land weitervererbt. Sie waren ein Volk, dem man die Freiheit völlig entzogen hatte. Die europäischen Stammesvölker wurden mit Hilfe einer Vielzahl von Kräften, deren direktste die Ausübung militärischen Druckes war, zu Leibeigenen gemacht. Ein Leibeigener ist nicht Mitglied einer wirklichen Gemeinschaft von Menschen. Seine Gesellschaft ist unvollständig ohne die Stadt oder Großstadt. Es ist der Handel mit der Stadt, eine rein wirtschaftliche Beziehung also, der die frühen Stadien der Leibeigenschaft bestimmt. Mit Zunahme des

Handels wird aus dem Stammesmenschen zunehmend ein Leibeigener. Dieser Prozeß vollzieht sich weder unmittelbar noch notwendigerweise auch vollständig, jedoch verliert der Stammesmensch in dem Maße, in dem er seine Unabhängigkeit verliert auch seine Bedeutung als Stammesangehöriger.

Der Prozeß, der den Verlust menschlicher Freiheit in Europa einleitete, war zu einem großen Teil ökonomischer Natur. Die mittelalterlichen Burgen stellten militärische Festungen und eine Art Lagerhalle dar, entwickelten sich jedoch immer stärker zu Handelszentren und allmählich auch zu Städten. In den früheren Stadien des Feudalismus „tauschte" der Landarbeiter seine Freiheit gegen die Sicherheit vor militärischer Aggression ein. Die mittelalterliche Stadt nahm über Jahrhunderte hinweg zunehmend die Hauptfunktion eines Handels- und Marktplatzes an.

„Es ist in der einen oder anderen Form der Handel, der aus den festen sozialen Bindungen einer in sich geschlossenen primitiven Gemeinschaft Teile menschlicher Aktivität herauszieht, um die Menschen in Bereiche wirtschaftlichen Tuns zu stellen, die zunehmend unabhängig werden von dem, was sich im normalen örtlichen Leben abspielt. Die örtlich beschränkte Welt mit ihren Traditionen und moralischen Werten und die größere und weit unpersönlichere Welt des Handels sind grundsätzlich verschieden und einander völlig entgegengesetzt..." (Aus: R. Redfield, *Peasant Society and Culture: An Anthropological Approach to Civilization*, Chicago 1956, S. 45)

Durch die europäische „Entdeckung" Nordamerikas wurden die Gesetzgebung und Gebräuche des europäischen Mittelalters nach Amerika getragen. Um genau zu sein: das spanische mittelalterliche Recht unterschied sich in einiger Hinsicht von dem Frankreichs, und beide unterschieden sich wiederum von dem Englands, aber ein Verständnis des mittelalterlichen Europa ist für eine geschichtliche Analyse der Rechtsbeziehungen zwischen Europäern und den Hau de no sau nee wie auch für jede Analyse des Kolonialismus wesentlich. Das mittelalterliche Europa ist gekennzeichnet von einer wachsenden Zentralisierung und Machtkonsolidierung der herrschenden Könige über weite Gebiete, was sich in der nordamerikanischen Geschichte deutlich wiederspiegelt. In dieser Zeit finden auch die Entstehung und das Heranwachsen der europäischen Großstädte zu Zentren des Handels und der politischen Macht statt. Das europäische Staatsrecht war so, wie es auf Amerika übertragen wurde, mittelalterliches Recht.

,,Die Europäer wandten eine Vielzahl von verschiedenen Methoden an, um die politische Macht an sich zu reißen — der bewaffnete Kampf war nur eine davon. Den europäischen Herrschern standen fünf Möglichkeiten zur Verfügung, um die legale Rechtshoheit über ein amerikanisches Territorium und dessen Bewohner für sich zu beanspruchen: durch päpstliche Schenkung, Erst-Entdeckung, dauerhaften Besitz, freiwillige Selbstunterwerfung der Eingeborenen und durch erfolgreiche militärische Eroberung. Die Kolonie diente nur als Mittel zum Zweck, um einen formalen Landanspruch in die wirksame Aktualität politischer Macht umzusetzen — was ,,kolonial" war in jeder Bedeutung dieses zweideutigen Begriffes. Die Niederlassungen der Europäer waren in dem Sinne Kolonien, als sie bloße Nachbildungen ihrer Ursprungsgesellschaften waren, und diese Dörfer übten Macht über weit größere eingeborene Bevölkerungsgruppen in jedem Sinne aus, wie ihn der Begriff ,,Kolonialismus" noch deutlicher ausdrückt." (Francis Jennings, *The Invasion of America: Indians, Colonialism and the Cant of Conquest*, Univ. of North Carolina Press, Chapel Hill 1976, S. 105)

Von Anfang an versuchten die europäischen Eindringlinge sich die Indianer untertan zu machen. Wo sie sich widersetzten — so im Falle der Hau de no sau nee — bezeichneten die Europäer diesen Widerstand als Unfähigkeit, sich der Zivilisation anzupassen. Diese These von der sogenannten Unfähigkeit zur Zivilisation wurde die logische Grundlage für ein Phänomen, das heute Rassismus genannt wird.

Nach der Landung an den Küsten Amerikas beanspruchten die Europäer das Land unverzüglich für ihre eigene Nation. Dann unternahmen vor allem die Franzosen und die Spanier den Versuch, die Indianer zu Leibeigenen zu machen. Die Engländer, die mit der Strategie der Vereinnahmung bereits ihre Erfahrungen gemacht hatten, vertrieben die Indianer zunächst mit Gewalt von ihrem Land — sie besiedelten Nordamerika mit besitzlosen Bauern, die von jener Verzweiflung getrieben wurden, die in ihrer eigenen Geschichte wurzelte.

Das europäische Rechtssystem scheint damals und wohl auch bis heute noch keinen Mechanismus entwickelt zu haben, um das Recht von Völkergruppen auf Land anzuerkennen — in ihm gilt nur das Recht eines Diktators oder Herrschers. Als die Europäer nach Amerika kamen, unternahmen sie den schlichten Versuch, aus den Führern der eingeborenen Völker Vasallen zu machen. Als dies scheiterte, griffen sie auf andere Mittel zurück. Der wesentliche Vorstoß europäischer Machtpolitik war der Versuch, ,,...den indianischen Eingeborenen aus der Zugehörigkeit zu einer nichtassimilierbaren Kaste in die Zugehörigkeit zu einer sozialen Klasse, die in die euro-amerikanischen Institutionen integriert war", überzuführen.

Die Vertreibung der Eingeborenen durch die Europäer war das blutigste und brutalste Kapitel innerhalb der menschlichen Geschichtsschreibung. Es waren die Untaten eines Volkes, das weder Gewissen noch Verhaltensmaßstäbe zu besitzen schien. Bis zum heutigen Tag wird die rechtmäßige Existenz der Regierung der Hau de no sau nee und anderer eingeborener Nationen sowohl von den USA wie auch von Kanada geleugnet, was eine Fortsetzung jener Politik des Völkermordes darstellt, die den Prozeß des sog. Kolonialismus gekennzeichnet hat. Im Angesicht der überwältigenden Beweise für das Gegenteil leugnen beide Regierungen Nordamerikas, sowie die Regierungen Lateinamerikas, jemals einen physischen oder kulturellen Völkermord begangen zu haben.

Ihre Beweisführung ist ohne Zweifel mittelalterlich und rassistisch: „...Zivilisation ist jene Qualität, welche Menschen auszeichnet, die bürgerliche Regierungen besitzen. Die bürgerliche Regierung ist die europäische Regierungsform. Indianer haben keine europäische Regierungsform besessen, folglich waren sie auch nicht zivilisiert. Unzivilisierte Menschen leben in wilder Anarchie. Folglich besaßen die Indianer überhaupt keine Form der Regierung. Und *folglich* konnten die Europäer kein Unrecht verübt haben — nein, sie erfüllten vielmehr eine noble Mission, als sie den armen Wilden eine Regierung und die Zivilisation bescherten." (Jennings, S. 127). Heute verfolgt die indo-europäische Regierung wie in mittelalterlichen Zeiten wieder eine Politik, in der die Macht das Recht bestimmt. Kolonialismus ist ein Prozeß, der häufig mißverstanden und mißinterpretiert wird. Es ist eine Politik, die die mittelalterliche Periode, der sie entstammt, lange überdauert hat. Viele westliche Einrichtungen sind in Wirklichkeit koloniale Einrichtungen der westlichen Kultur. Die Kirchen arbeiten beispielsweise in der gleichen Art und Weise, wie es die Feudalherren getan haben. Zuerst suchen sie ein Volk, dessen Ergebenheit sie sich im Rahmen ihres Expansionsdranges zu sichern wünschen. Dann heuern sie eine Gruppierung an, die den Auftrag erhält, eine „Mission" zu führen. Wenn diese Gruppe erfolgreich ist, übernehmen sie im wesentlichen die spirituelle Führung und Herrschaft über jene, deren absolute Loyalität sie fordern. Dieser Prozeß im organisierten Christentum mag tatsächlich älter sein als der hier beschriebene Prozeß des politischen Kolonialismus.

Moderne multi-nationale Konzerne arbeiten auf ganz ähnliche Art und Weise. Sie suchen einen Markt oder ein Gebiet, welches die Rohstoffe besitzt, die sie brauchen. Dann besorgen sie sich eine Bewilligung oder irgend eine Form der Unterstützung von seiten einer westlichen Regierung und entsenden Vertreter, die einer Kolonialmacht gleichkommen, in jenes Gebiet. Wenn sie erfolgreich eingedrungen sind, wird das Gebiet zu einer Art wirtschaftlichen Kolonie der Multis. Den größten Widerstand gegen diese Form des Eindringens setzen ihnen die örtlichen Traditionalisten entgegen.

Die Erziehungs-Einrichtungen in Nord-Amerika arbeiten nach demselben kolonialen Verfahren. Schulen werden dem Recht eines Herrschers (z. B. dem Staat, oder dem Büro für indianische Angelegenheiten) unterstellt, um in die eingeborene Gemeinschaft einzudringen. Zweck dieses Vorgehens ist es, die Eingeborenen als Arbeiter und Konsumenten — die moderne Version der Leibeigenschaft — in die industrielle Gesellschaft zu integrieren. Der Herrscher erlaubt und erkennt keine anderen Sozialisationseinrichtungen für die Jugend an. Wie in den Tagen der mittelalterlichen Burgen verlangt der Herrscher absolute Lehnstreue. Unter diesem merkwürdigen Rechtssystem verleugnet der westliche Herrscher die Existenz jener, deren Ergebenheit er nicht erlangen kann. Sie werden durch diese Logik zu Ungesetzlichen gemacht.

Dieser Zustand der Ungesetzlichkeit wird dann in offizielle Regierungspolitik umgesetzt. Die Kolonisatoren haben in den Vereinigten Staaten zwei Kategorien von Eingeborenen geschaffen: staatlich anerkannte und staatlich nicht anerkannte. Erst in neuester Zeit ist die Regierung zu einer Politik übergegangen, die der Gruppe der sogenannten „städtischen Indianer" die Anerkennung verweigert. In Kanada gibt es sogar vier gesetzliche Definitionen für die eingeborene Bevölkerung. Sie wird eingeteilt in Staatsangehörige, Nicht-Staatsangehörige, Metis und solche, die eingebürgert worden sind. Beide Länder vertreten weiterhin jene Politik, in der beständig von „Indianern und Eskimos" die Rede ist, als besässen Eskimos keine Zugehörigkeit zu den eingeborenen Völkern der westlichen Hemisphäre.

Die Vereinigten Staaten praktizieren einen unübersehbaren Kolonialismus, wenn es um die politischen Einrichtungen der Eingeborenen geht. 1924 schuf Kanadas neue Gesetzgebung für die indianische Bevölkerung den rechtlichen Rahmen für die Einsetzung von Regierungen, die auf grund neo-kolonialistischer ,,Wahl-Systeme'' auf dem Territorium der Eingeborenen zusammengesetzt wurden. In den Vereinigten Staaten wurde dasselbe Ziel mit der Annahme des ,,Indian Reorganization Act'' (IRA) im Jahr 1934 erreicht. Beide Gesetze sorgten für zwingend bevorrechtete politische Kolonien innerhalb der eingeborenen Bevölkerung. Diese ,,Wahl-Systeme'' verdanken ihre Existenz Kanada und den Vereinigten Staaten und nicht den eingeborenen Völkern. Sie sind definitionsgemäß Kolonien, aus denen Klassen von politischen Leibeigenen hervorgehen. Sie sind Regierungen nur bis zu dem Grade, in dem eine auswärtige soziale Kaste es ihnen zugesteht Regierung zu sein. Sie sind in den meisten Gebieten, in denen Eingeborene leben, die einzigen Regierungsformen, die von den Kolonialherren anerkannt werden.

Den Hau de no sau nee wurden die verschiedensten Formen von westlichem Kolonialismus aufgezwungen. Unser erster Kontakt mit einem westlichen Volk fand 1609 statt, als eine französische Militärexpedition unter Samuel de Champlain an dem See, der jetzt seinen Namen trägt, einige Mohawk ermordete. Später, als die Holländer kamen, trafen wir die erste Vereinbarung mit einer europäischen Macht, den Zwei-Reihen-Vertrag, in welchem wir unseren Status unmißverständlich klarlegten, nämlich, daß wir ein eigenständiges, freies und souveränes Volk sind. Die Holländer akzeptierten diese Übereinkunft.

Aber die anderen europäischen Nationen haben diese Vereinbarung niemals respektiert. Frankreich unternahm wiederholt den Versuch, die Hau de no sau nee seiner Herrschaft zu unterwerfen, England schreckte vor keinem Mittel zurück — ob nun mittels Nötigung, Drohungen oder militärischen Druckes — um seine Herrschaft auch auf uns auszudehnen. Doch wir haben jedesmal erfolgreich Widerstand geleistet.

Die Vereinigten Staaten gingen feierliche Verträge mit den Hau de no sau nee ein, um anschließend effektiv jeden einzelnen Vertragspunkt zu ignorieren, der unsere Rechte als eigenständige Nation garantierte. Allein jene Vertragspunkte, die sich auf Landabtretungen beziehen und die häufig auf betrügerische Art und Weise zustande kamen, haben in den Augen der Gerichte und Regierungen der Vereinigten Staaten Gültigkeit.

Den Mechanismus für die Kolonisierung der Gebiete der Hau de no sau nee findet man als gesetzliche Fiktion in der Verfassung der Vereinigten Staaten wieder. Dieses Dokument gibt vor, dem Kongreß die Befugnis zu verleihen, „den Handel mit auswärtigen Nationen, den Handel der verschiedenen Staaten untereinander und den Handel mit indianischen Stämmen zu regeln". Entgegen allen Grundsätzen internationalen Rechts hat der Kongreß diesen Abschnitt zur Geltendmachung „uneingeschränkter Vollmacht" ausgeweitet — zu einer Doktrin also, die Anspruch auf absolute Autorität über unsere Gebiete erhebt. Diese Geltendmachung ist unserem Volk wiederholt aufgezwungen worden, obgleich wir niemals militärisch unterworfen worden sind und einer solchen Vereinbarung auch niemals zugestimmt haben. Die Hau de no sau nee sind keinem Volk untertan — wir sind eine freie Nation und wir haben unsere Rechte als freies Volk niemals aufgegeben.

Seit ihrer Entstehung haben die Vereinigten Staaten im Gebiet der Hau de no sau nee eine wahre Schreckensherrschaft geführt. Zwischen 1784 und 1842 betraten Kolonialagenten unser Land und kehrten mit Verträgen über Landabtretungen nach Washington zurück, die sie auf betrügerische Weise von Personen erhalten hatten, die dazu nicht ermächtigt gewesen waren. Die Ratsversammlung der Hau de no sau nee, die als einzige rechtmäßige Körperschaft dazu berechtigt ist, Landtransaktionen durchzuführen, hat niemals Vereinbarungen unterschrieben, in denen Gebiete aufgegeben worden sind.

Die Vereinigten Staaten besetzten das Land unter Androhung kriegerischer Aggression, obgleich es keine Vorfälle gab, die solche Maßnahmen gerechtfertigt hätten. Als die

Hau de no sau nee Beweise sammelten, um nachzuweisen, daß die Verträge betrügerisch und deshalb unter jedem Gesichtspunkt geltenden Rechts illegal waren, machten die Gerichte der Vereinigten Staaten den Gegenschlag, indem sie die „Political Question Doctrine" ins Leben riefen. Diese Doktrin legt grundsätzlich fest, daß der Kongreß keinen Betrug begehen kann, und daß die Gerichte die politischen Entscheidungen des Kongresses nicht in Frage stellen können, obwohl sie auf anderen juristischen Gebieten Handlungen des Kongresses regelmäßig für verfassungswidrig erklären.

Da die Hau de no sau nee sich weigerten, ihr Land zu verkaufen, weigerten sich die Vereinigten Staaten einfach, unsere Regierung anzuerkennen. Stattdessen erkannten sie jene kolonialisierten Individuen an, die sich damit einverstanden erklärten, Land zu verkaufen und Washington die Treue hielten.1848 führten die Vereinigten Staaten im Lande der Seneca schlichterhand ein „Wahlsystem" ein und richteten damit in dem größten der uns noch verbliebenen Gebiete innerhalb des sogenannten „Staates New York" eine koloniale Regierung ein.

Es folgte eine endlose Reihe von Bemühungen seitens der Vereinigten Staaten, die Hau de no sau nee endgültig auszurotten. Es gab Verträge, die die Cayuga und Oneida Nationen sämtlicher wesentlicher Rechte im Land ihrer Vorväter beraubten. Es gab andere Verträge, wie jener von 1797, der den Verkauf des gesamten Gebietes der Ganienkehaga durch Einzelpersonen anerkannte — eine Fläche von 3 1/2 Millionen Hektar gegen den Betrag von 1000 Dollar. Zwischen 1821 und 1842 gab es Versuche, die Hau de no sau nee aus den Gebieten, die die Siedler „New York" nannten, in andere Gebiete, die jetzt Wisconsin und Kansas heißen, umzusiedeln. Diese Anstrengungen führten in vielen Fällen dazu, daß Teile unseres Volkes aus den ihnen angestammten Gebieten erfolgreich vertrieben wurden. Im Jahre 1851 bemühte man sich schließlich, das Volk der Seneca von ihren Gebieten bei Tonawanda zu vertreiben. 1886 gab es einen Versuch, die

Gebiete der Hau de no sau nee in Einzelbesitz nach dem Dawes Act aufzuteilen, was nicht ganz erfolgreich war. 1924 erließen die Vereinigten Staaten ein Gesetz, das allen Eingeborenen die Staatsangehörigkeit der USA verleihen sollte. Die Hau de no sau nee lehnten es nachhaltig ab, jemals Bürger der Vereinigten Staaten zu werden. Wir sind die Bürger der Hau de no sau nee. Aber die feudalen Gesetze der Kolonisatoren waren unerbittlich.

Ebenfalls im Jahre 1924 fiel Kanda militärisch in unsere Gebiete am Grand River ein und zwang uns dort eine koloniale Regierung auf. Das wiederholte sich 1934 in unseren Gebieten der Thames River Gemeinde der Oneida.

1948 und 1950 erließ der Kongreß Gesetze, die dem Staate New York zivile und strafrechtliche Rechtshoheit übertrug, obgleich dem Kongreß eine solche Vollmacht von seiten der Hau de no sau nee niemals übertragen worden ist. 1958 erließ der Kongreß den Kinzua Dam Act, der zur Folge hatte, daß das bewohnbare Land der Seneca in Alleghany fast gänzlich überflutet und die eingeborenen Gemeinden sowie deren Kultur zerstört wurden. Dieses Gesetz bereitete auch das Ende der Seneca Nation vor, ein Prozeß, der sogar der kolonialen Regierung dort ein Ende gesetzt und die Verleugnung unserer Existenz der Realität ein Stück näher gebracht hätte.

Zusätzlich zu diesen gesetzlichen Formen der Kolonisierung sind die Hau de no sau nee auch jeder anderen Form von Kolonisierung ausgesetzt worden, die man sich vorzustellen vermag. Kirchen, Schulsystem und jede Art westlichen Eindringens haben aus Teilen unserer Bevölkerung politische, wirtschaftliche und kulturelle Leibeigene gemacht. Die fortdauernde Verleugnung unserer politischen Existenz wurde durch einen fast überwältigenden psychologischen, wirtschaftlichen und geistigen Angriff durch die westlichen kolonialen Einrichtungen vervollständigt.

Im Grunde befindet sich unser Volk seit mehr als 300 Jahren in einem Belagerungszustand. Aber wir haben uns während dieser Zeit kein einziges Mal geschlagen gegeben. Unsere Taktiken haben sich notwendigerweise mit der Zeit geändert, aber der Wille und die Entschlossenheit weiterzukämpfen sind die gleichen geblieben. Während all dieser Jahre haben europäische Historiker die Position der Hau de no sau nee schriftlich festgehalten.

Während der zwanziger Jahre kam einer unserer Führer — ein Mann namens Deskaheh — nach Genf, um Hilfe für sein Volk zu erbitten. Zu jener Zeit repräsentierte die damals existierende internationale Vollversammlung die Welt-Gemeinde nur zum Schein, denn viele Kulturen und Nationen waren noch nicht anerkannt. Jetzt, 50 Jahre später, sind wir zurückgekehrt und unsere Botschaft ist dieselbe geblieben.

Unsere Ältesten haben die Wiedergeburt dieser internationalen Einrichtung beobachtet. 1949 wohnte eine Delegation der Hau de no sau nee der Grundsteinlegung des UN-Gebäudes in New York bei. 1974 reisten Vertreter unseres Volkes nach Schweden, um an einer internationalen Konferenz über Umwelt und Ökologie teilzunehmen. Während all dieser Zeit haben wir die Veränderungen wohl bemerkt, die sich innerhalb dieser Einrichtung vollzogen haben.

Und nun finden wir uns erneut in Genf wieder. Für jene von uns, die hier anwesend sind, und die vielen zu Hause gebliebenen haben wir die Pflicht übernommen, den Kampf unseres Volkes weiterzuführen. Die Namen, mit denen wir heute hier erscheinen, schließen die Leben von unzähligen Generationen sowohl der Vergangenheit wie auch der Zukunft in sich ein. Auch um ihretwillen fordern wir die Nicht-Regierungsgebundenen Organisationen auf, uns in dem Kampf um unsere vollen Rechte und den Schutz unter internationalem Recht und der Welt-Gemeinde zu unterstützen.

Politik der Unterdrückung im Namen der Demokratie

Ökonomische Geschichte der Hau de no sau nee

Die Hau de no sau nee — Volk des Langhauses —, vielen Europäern als der Irokesenbund der Sechs Nationen bekannt, leben seit undenklichen Zeiten in den ihnen angestammten Gebieten. Es wird berichtet, daß wir vor der Ankunft der Europäer ein glückliches und wohlhabendes Volk gewesen seien. Unser Land sorgte reichhaltig für die Befriedigung all unserer Bedürfnisse. Wir führten ein langes, gesundes und produktives Leben. Bevor die Europäer kamen, waren wir ein wohlhabendes Volk — reich durch die Gaben unseres Landes —, unser Volk besaß geistige und körperliche Stärke und lebte den größten Teil jener Zeit in Frieden.

Vor Ankunft der Siedler waren wir ein Volk, das vom Jagen und Sammeln lebte, und wir betrieben eine Form der Landwirtschaft, die einen geringen Arbeitsaufwand erforderte. Die Wirtschaft unseres Volkes entsprach einer äußerst gesunden Lebensweise. Wir selbst erfreuten uns großer Gesundheit und gehörten zu den besten Athleten der Welt. Zu dieser Zeit gab es Menschen, die 120 Jahre und älter wurden, und unsere Läufer waren unübertroffen an Geschwindigkeit und Ausdauer.

Innerhalb unseres Volkes nennen wir unsere Kultur Ongwhehonwhe, was jene Lebensweise kennzeichnet, die den Hau de no sau nee eigen ist. Es ist unmöglich, die ökonomische Geschichte der Hau de no sau nee exakt nachzuzeichnen, aber es wird offenkundig, daß unsere Wirtschaft, die Art und Weise, in der unser Volk mit seinen Rohstoffen umgeht und die Beziehung dieses Umgangs zu dem Gesamtaufbau unserer Gesellschaftsordnung Prozesse sind, die untrennbar miteinander verbunden sind. In unserer traditionellen Gesellschaftsordnung wurde die Verteilung der Waren von wirtschaftlichen Einrichtungen geregelt, die von anderen Gesellschaften nicht ohne weiteres als solche anerkannt werden. Die Hau de no sau nee haben keine speziellen wirtschaftlichen Institutionen, genausowenig wie wir besondere politische Einrichtungen besitzen. Es ist eher so, daß das, was die Europäer als Institution der einen oder anderen Art betrachten, bei den Hau de no sau nee vielen verschiedenen Zwecken dient.

Wir waren das Volk eines unermeßlichen Waldes. Er war die Quelle großen Wohlstandes. In ihm bot sich uns eine unvorstellbare Fülle und Vielzahl von Harthölzern, Nüssen, Beeren, Wurzeln und Kräutern. Darüberhinaus gab es einen Überfluß an Fisch und Wild in den Flüssen, Wiesen und Wäldern. Es war in der Tat eine Art Utopia, ein Ort, an dem niemand Hunger litt, ein Ort, an dem die Menschen glücklich und gesund waren.

Unserer Tradition gemäß achteten wir darauf, daß unser Bevölkerungszuwachs andere Lebensformen nicht überlastete. Wir hielten uns streng an die Gebote der Lebenserhaltung. Unsere Kultur baut auf einem Grundsatz auf, der uns lehrt, ständig an das Wohlergehen von sieben zukünftigen Generationen zu denken. Unser Festhalten an diesem Grundsatz verhindert die Entwicklung von Praktiken, die für die Zukunft unseres Landes nur Leid verursachen würden. Aus diesem Grund erlegten wir nur soviel Wild, wie wir zur Deckung unserer Bedürfnisse benötigten. Erst mit Ankunft der europäischen Siedler setzte die Massenschlächterei von Tieren ein.

Wir wissen, daß viele Menschen erstaunt sein werden,

wenn wir behaupten, daß wir einen ganzheitlichen Lebensweg gefunden haben, und daß unsere Wirtschaft nicht von den vielen anderen Bereichen unserer Kultur getrennt werden kann. Unsere Wirtschaft ist eine andere als die der westlichen Völker. Wir glauben, daß alle Dinge auf der Welt von jenen Wesen erschaffen wurden, die uns die englische Sprache zwingt „spiritual beings" (spirituelle Wesen) zu nennen, einschließlich jenem, das wir den Großen Schöpfer nennen. Alle Dinge auf dieser Welt gehören dem Schöpfer und den Geistern. Wir glauben auch, daß von uns verlangt wird, diese spirituellen Wesen aus Achtung vor dem Geschenk des Lebens zu ehren.

Unsere Lebensweise hält uns dazu an, eine Vielzahl von Festen und Zeremonien zu begehen, die am zutreffendsten als „Schenkungszeremonien" (Give-aways) bezeichnet werden können. Es heißt, daß in unserem Volk diejenigen, die uns führen, und die von den englischsprachigen Völkern mit einer Ausdauer fälschlicherweise Häuptlinge genannt werden, die Ärmsten unter uns sind. Nach den Gesetzen unser Kultur sind unsere Führer sowohl politische als auch spirituelle Führer. Sie leiten viele Zeremonien, die die Verteilung von Reichtümern verlangen. Als spirituell/politische Führer sorgen sie für eine Art wirtschaftlichen Ausgleichs. Um die Stellung eines politischen Führers antreten zu können, muß man zugleich spiritueller Führer sein, und um spiritueller Führer werden zu können, muß man außerordentlich freigiebig mit materiellen Gütern verfahren.

Unsere Führer sind in Wirklichkeit Oberhaupt einer Art erweiterter Großfamilie, die als wirtschaftliche Einheit innerhalb einer Lebensweise fungiert, deren Grundlage die häusliche Produktion ist. Vor Ankunft der Siedler besaßen wir eigene Produktionsweisen und Verteilungsprinzipien, die der Bedürfnisbefriedigung unseres gesamten Volkes angemessen waren. Wir hätten als Nationen nicht bestehen können, wenn es nicht so gewesen wäre.

Die Grundeinheit unseres Wirtschaftssystems ist die Fami-

40

lie. Das System der Güterverteilung besteht neben den normalen Handelsformen aus einer Art spirituellen Tradition, die sich in der Tätigkeit der religiös/politischen Führer innerhalb einer äußerst komplexen religiösen, politischen und sozialen Struktur offenbart.

Den Hau de no sau nee ist die Vorstellung von Privateigentum fremd. Dieser Begriff wäre auch für ein Volk, welches glaubt, daß die Erde dem Schöpfer gehört, ein blanker Widerspruch. Der Begriff ,,Privateigentum" des Menschens kann Menschen davon ausschließen, sich Zugang zu Land oder anderen Lebensgrundlagen zu verschaffen. Diese Vorstellung würde unsere Kultur, die verlangt, daß jedes Individuum ein Leben im Dienste des spirituellen Wegs und des Volkes führt, zerstören. Privateigentum würde nur Sklaverei erzeugen und Führer hervorbringen, die gewisse andere Menschen daran hindern müßten, sich Besitz anzueignen. Somit würden sie aufhören, ihren Aufgaben als soziale Führer und Verteiler von Gütern gerecht zu werden.

Bevor die Kolonisten kamen, war uns der Begriff ,,Ware" völlig fremd. Alles, selbst das, was wir produzieren, gehört in unseren Augen den Schöpfern des Lebens und muß sowohl zeremoniell wie auch real den wahren Eigentümern wiedergegeben werden. Unser Volk führt ein Leben in Einfachheit, das unbelastet ist von dem Bedürfnis nach endloser Anhäufung materieller Güter. Die Tatsache, daß unsere Bedürfnisse gering sind, bedeutet auch, daß es leicht ist sie zu erfüllen. Ebenso wahr ist es, daß unser Verteilungssystem in hohem Maß gerecht ist, da alle Menschen zu jeder Zeit Anteil am gesamten materiellen Wohlstand haben.

Unsere häusliche Produktionsweise hat eine ganze Reihe von kulturspezifischen Merkmalen. Die Ökonomie unseres Volkes setzt eine große Gemeinschaft von Menschen voraus und zielt nicht darauf ab, Grundlage einer selbstversorgenden Kleinfamilie zu sein. Manche moderne Wirtschaftswissenschaftler vermuten, daß die isolierte Kleinfamilie in den meisten Teilen der Welt nicht genügend produzieren kann, um innerhalb der häuslichen Produktionsweise zu überleben. In jedem Fall erfüllt diese besondere Form des Lebensunterhalts nach unserer kulturellen Definition nicht die Voraussetzungen, um als Ökonomie bezeichnet zu werden.

Unsere Gesellschaft war wohlhabend. Niemand litt Mangel und ein jeder hatte ein selbstverständliches Recht auf Nahrung, Kleidung und Behausung. Alle Menschen hatten Anteil an den Gaben der spirituellen Zeremonien und der Natürlichen Welt. Keiner konnte materielle Macht über andere ausüben oder anderen den Zugang zu Dingen verwehren, die diese zum Leben brauchten. Alles in allem führten wir vor der Ankunft der Siedler ein schönes und erfülltes Leben.

Die Kolonisten brachten eine Vielzahl von Einrichtungen und Strategien mit ins Land, die alle dem Zweck dienten, die Lebensweise des Langhausvolkes zu zerstören. 1609 leitete Samuel de Champlain eine französische Militärexpedition, die an dem See, der später nach ihm benannt wurde, eine Gruppe von Mohawk angriff. Champlain kam auf der Suche nach Reichtum ins Land und war vornehmlich daran interessiert, mit Unterstützung der Algonquin den Pelzhandel aufzubauen. Er führte ihnen seine Schußwaffen vor und ließ sie so zum ersten Mal die Macht der Gewehre spüren.

Champlain drang in Begleitung seiner neuen Geschäftspartner ins Herz des Mohawk-Territoriums vor. Diese kriegerische Truppe stieß auf eine Gruppe von etwa 200 Mohawk. Die erste Gewehrsalve tötete drei Männer und die zweite schuf eine solche Verwirrung, daß die Mohawks sich zurückzogen. Sie mußten jedoch 12 Männer zurücklassen, die gefangen genommen wurden.

Diesem Zwischenfall folgte die Zeit der sogenannten „Biber-Kriege". Die Einführung des Biberpelzhandels löste eine Reihe von kolonialen Kriegen aus. Aus nachbarlichen Streitereien wurde ein Kampf um das nackte Überleben der Eingeborenen in den Wäldern Nordamerikas.

Das europäischen Eindringen beeinflußte von der ersten

Begegnung an jeden einzelnen Lebensbereich der Eingeborenen. Die ursprüngliche Ökonomie, Kultur, Politik und die Form der Kriegsführung veränderten sich von Grund auf. Die Nationen begriffen, daß es ihre physische Vernichtung bedeutete, ohne Feuerwaffen zu sein, und daß es keine Möglichkeit gab, Feuerwaffen zu kaufen, wenn sie keinen Zugang zu Biberpelzen hatten.

Der Handel mit Biberpelzen und die jetzt notwendig gewordene Bewaffnung schufen Umstände, mit denen die Eingeborenen niemals zuvor konfrontiert worden waren. Für den Handel mußten lange Routen gesichert werden, auf denen die Waren weitertransportiert wurden. Das war aber nur dann möglich, wenn das gesamte Gebiet sich in den Händen von Freunden befand. Jeder potentielle Störenfried mußte also entweder befriedet oder vernichtet werden.

Mit der Einführung der Feuerwaffen wurde der Krieg nun zum absolut tödlichen Geschäft, da es zur Strategie der Europäer gehörte, zwischen den eingeborenen Nationen Unfrieden um den Besitz von Handelswaren zu stiften. Aus der Notwendigkeit heraus, sich selbst vor der Vernichtung zu schützen, trat das Volk des Langhauses in den Biberpelzhandel ein. Die Pelze wurden dazu benutzt, mehr Feuerwaffen und solche Waren zu kaufen, die es mehr Männern ermöglichten, noch mehr Biber in einer kürzeren Zeit zu fangen. Die Märkte Frankreichs, Hollands und Englands waren begierig nach den Waren der ,,Neuen Welt''.

Kurz nach der Begegnung am Lake Champlain nahmen die Hau de no sau nee den Handel mit den Holländern auf, die bereits entlang des Hudson River Handelsposten errichtet hatten. Einen Großteil des bestehenden Handels machte der An- und Verkauf von Feuerwaffen aus. Französische Historiker berichten, daß die Angehörigen des Langhauses sehr geschickte militärische Strategen waren und die Algonquin in kürzester Zeit besiegt hatten. Ihre Niederlage wurde dadurch beschleunigt, daß die Franzosen ihre Zusicherung, den Algonquin zu Hilfe zu kommen, nicht eingehalten hatten.

Der Bedarf an europäischen Gütern, besonders an Feuerwaffen, wurde so groß, daß um 1640 die Biber in den Gebieten der Hau de no sau nee bereits immer seltener wurden. Der Druck an den neu entstandenen Grenzen zu den europäischen Siedlungen nahm hingegen ständig zu. Auch zwischen den verschiedenen Kolonialmächten war der Krieg inzwischen zu einer Alltäglichkeit geworden. Die Hau de no sau nee waren sich völlig im klaren darüber, was sich nun im Osten des Landes abspielte. Die Holländer leiteten kurz nach ihrer Ankunft eine Reihe von mörderischen Kriegen ein, die mit der vollständigen Vernichtung der eingeborenen Völker des Lower Hudson River Valley endeten. In Neu-England wurde die Pequot Nation von den puritanischen und englischen Siedlern nahezu ausgelöscht.

Das Wissen um diese Massaker hatte großen Einfluß auf die Verteidigungspolitik der Hau de no sau nee. Im Osten siedelten Holländer und Engländer. Ihre Anwesenheit war zur Versorgung mit Feuerwaffen notwendig, andererseits jedoch stellte die Möglichkeit, daß sie ihre Grenzen weiter nach Westen in die Gebiete des Langhausvolkes vorschieben könnten, eine ständige Bedrohung dar. Im Norden lag die Kolonie der Franzosen, die die eingeborenen Nationen im Westen mit Waffen versorgten. Frankreich drohte das Monopol im Biberhandel zu erlangen, der sich zunehmend auf den Norden und Westen des Erie und Ontario Sees konzentrierte.

Die Franzosen versuchten wiederholt, Missionare, insbesondere Jesuiten, in die Gebiete der Hau de no sau nee einzuschleusen. Diese Missionen waren ein äußerst wirksamer Propagandaapparat der europäischen Nationen, da von den Missionaren, damals wie heute, erwartet wurde, mehr als nur die Botschaft des Christentums zu verbreiten. Sie dienten vielmehr als Laienabgesandte ihrer Kultur. Sie trennten Schritt für Schritt Einzelpersonen von ihren Familien, Familien von ihren Dörfern, Dörfer von ihren Nationen. Manche Priester dienten sogar als militärische Truppenführer und zogen mit in den Krieg.

Die Missionare unternahmen ständig Angriffe auf die wirtschaftliche Struktur des Langhausvolkes. Sie griffen insbesondere spirituelle Zeremonien an, die sie als den Inbegriff heidnischen Tuns betrachteten, und versuchten damit dem Brauch von „give-aways" und öffentlichen Festlichkeiten ein Ende zu bereiten. Außerdem versuchten sie die Macht der Sippen zu brechen, indem sie Zwietracht säten, die das Volk in Kleinfamilien zerspalten sollte.

Europäische Kirchen nehmen besonders unter kolonialen Verhältnissen ihre feudale Rolle als ökonomische Institutionen ein. Für die eingeborenen Völker sind sie die gefährlichsten Boten der Zerstörung. Sie versuchen unentwegt die spirituell-wirtschaftlichen Bindungen des Volkes zu Wäldern, Land und Tierwelt zu zerstören. Sie verbreiten Ideologien und auch Technologien, die den Menschen zu Sklaven jenes ausbeuterischen Systems machen, das den Kolonialismus bestimmt.

1704 entsandte England die ersten anglikanischen Missionare zu den Mohawk, die entlang des Mohawk River lebten. 1710 erhielt eine Delegation von Mohawk-Führern eine Einladung nach England. Sie kamen zurück mit vier Bibeln, einem Gebetsbuch und einem Kommunionsteller für die Anglikanische Kirche, alles Geschenke von Königin Anne. Aber die Missionare zogen auch einen endlos langen Schwanz hinter sich her. Um sich selbst unterzubringen, brauchten sie eine Mission, um die Mission zu schützen brauchten sie ein Fort, um den Glauben zu verbreiten, brauchten sie eine Schule. Missionare verbreiteten mehr als nur das Wort Gottes. Das Britische Königsreich brauchte nicht lange, um Einzug in das Gebiet der Hau de no sau nee zu halten, und das war erst der Anfang.

Die kriegerischen europäischen Königreiche bekämpften sich ständig gegenseitig. Im 18. Jahrhundert gab es allein zwischen Frankreich und England drei Kriege: Königin Annes Krieg (1701-1713), König Georges Krieg (1744-1748) und der „Französisch/Indianische Krieg" (1754-1763), der der europäischen Welt als der „Spanische Erbfolgekrieg" bekannt ist. Aus den Aufzeichnungen dieser Zeit geht klar hervor, daß das Volk des Langhauses während all dieser Konflikte seine Neutralität bewahrte. Die Kolonisatoren konnten jedoch auf die Hilfe Einzelner zählen, die sich auf dem Wege der Anpassung befanden — so z. B. die anglikanischen Mohawk, die in die Rolle von britischen Leibeigenen hineingedrängt wurden.

War Frankreich mit seinen Versuchen, militärisch in das Gebiet des Langhauses einzudringen, erfolglos blieben, so war England um so erfolgreicher mit seiner sozialen und religiösen Kolonisation des östlichen Teils unserer Gebiete. Ein irischer Einwanderer, der wegen seines Einflusses auf bestimmte Mohawk berühmt wurde, war William Johnson. Als Agent der britischen Krone erhielt er in der Nähe des Mohawk-Landes eine Botschaft als Operationsbasis, wo er sich einige eingeborene Frauen als Geliebte nahm und mit ihnen etliche Kinder zeugte, ohne jemals eines davon anzuerkennen. Sein Titel war „Britischer Superintendent für indianische Angelegenheiten im nördlichen Department". Von europäischen Historikern wird er allgemein dafür gewürdigt, daß er während seiner Amtszeit Ereignisse und Entwicklungen an den Grenzen erfolgreich zu beeinflussen wußte. Heutzutage würde Johnson als Botschafter in einem Land der dritten Welt eingesetzt werden. Er wäre gleichzeitig für diplomatische und militärische Angelegenheiten zuständig und würde auch Tätigkeiten im Bereich des Geheimdienstes und der Entwicklungshilfe übernehmen.

Während seiner Amtszeit ließ er einen Stützpunkt einrichten, von dem aus die Einwanderer gen Westen ziehen konnten, um die Kolonie zu erweitern. Die Mohawk in den Gebieten entlang des Susquehanna und des Mohawk River mußten sich zunehmend die Übergriffe der englischen Siedler (einschließlich Johnsons) gefallen lassen. Im Frühjahr 1765 geriet die natürliche Umwelt des Langhausvolkes, die nur sorgsame Eingriffe gewöhnt war, in große Schwierigkeiten, als unwissende und zerstörerische Siedler die Hirschherden nahezu ausgerottet hatten.

Es gab so viele Schwierigkeiten mit den Siedlern, daß die Mohawk, die sich großzügig dazu bereit erklärt hatten, ihr Land mit ihnen zu teilen, ernsthafte Überlegungen anstellten, sich nach Westen in die Gebiete der Oneida zurückzuziehen, um nur etwas Ruhe und Frieden zu erlangen. Im Frühling 1765 waren bereits viele Mohawk von ihrem Land vertrieben worden und lebten als Flüchtlinge unter anderen Nationen.

William Johnson war ein hervorragender Propagandist für seinen König. Auf der einen Seite entschuldigte er sich für das Benehmen der Grenzbewohner und drängte die Mohawk, Geduld zu üben, und auf der anderen Seite ermutigte er immer mehr Siedler, in das Gebiet der Mohawk einzudringen. Nach außen hin gab er sich den Anschein, ein Verfechter der Interessen der Hau de no sau nee zu sein, um sie auf diese Weise dazu zu ermutigen, eine Lösung am Verhandlungstisch zu suchen, was jedoch jedesmal dazu führte, daß sie Land gegen einen vorübergehenden Frieden eintauschten.

Zu dieser Zeit waren bereits viele andere Eingeborene in unsere Gebiete zugewandert, um etwas Aufschub vor dem kolonialen Ansturm zu gewinnen. Weit im Süden, in den als „Carolina" bekannten kolonisierten Gebieten, sahen die Tuscarora ihrer drohenden Ausrottung ins Gesicht. In ihrem Drang, mehr Land und wirtschaftliche Vorteile zu erlangen, benutzten die englischen Kolonisatoren dieselben Methoden, die auch im Nord-Osten angewandt wurden. 1713 zogen sich die enteigneten Tuscarora aus ihren Heimatgebieten zurück und suchten in den Gebieten der Hau de no sau nee Schutz. Sie waren nicht das einzige Volk, das vertrieben wurde. Delawaren, Tuteloes, Shawnees und andere flohen auf der Suche nach Frieden ins Land der Hau de no sau nee.

Es sollte jedoch keinen Frieden geben. Als sich die amerikanische Revolution ankündigte, taten die Hau de no sau nee alles Erdenkliche, um ihre Neutralität zu wahren. Mit dem Niedergang der französischen Kolonialmacht und der abnehmenden Bedeutung des Handels warf die englische Siedler-

Bourgeoisie einen zunehmend gierigen Blick auf das Land des Langhauses. Aber noch besaßen wir eine starke militärische Macht, und es war unser fester Entschluß, neutral zu bleiben.

Das Ziel englischer Politik war es jedoch, die Hau de no sau nee in den Krieg zu verwickeln. Um das zu verwirklichen griffen sie zu solch drastischen Mitteln wie Bestechung, Betrug, falscher Propaganda und gefühlsbetonten Appellen. Dennoch führten die Hau de no sau nee ihre Politik strikter Neutralität fort. Beide Parteien, die Kolonisten wie die „Loyalisten", drangen in unsere Gebiete ein, um Söldner anzuwerben. Die Strategie der Königstreuen war die erfolgreichere, denn es gelang ihnen, einige unserer Leute in ihren Kampf gegen die aufständigen Kolonisten zu verwickeln.

Der Vertrag von Gent, der den Krieg beendete, enthielt, zumindest schriftlich, keinerlei juristischen Vereinbarungen über den zukünftigen Status der Eingeborenen, deren Schutz die britische Krone feierlich versprochen hatte. Aus diesem Grund hielten die Vertreter des Langhausvolkes im September 1784 eine internationale Vertragsverhandlung mit jener neuen Föderation, die sich die „Vereinigten Staaten von Amerika" nannte, ab. Die Vereinigten Staaten forderten besonders von den Seneca gewaltige Gebietsabtretungen. Die Krieger, die zu dem Treffen deligiert worden waren, unterschrieben schließlich den Vertrag, obgleich sie nicht dazu ermächtigt waren, die Hau de no sau nee zu vertreten, ohne sich vorher mit ihnen beraten zu haben. Die Bedingungen des Vertrages blieben lange unbekannt, da die Vereinigten Staaten den Hau de no sau nee keine Kopie des Dokuments zukommen ließen. Wie viele Eingeborene oft auch zu ihrem eigenen Bedauern lernen mußten, sind das Unterschreiben und das Ratifizieren eines Vertrages zweierlei, und beides notwendig, um einen Vertrag rechtskräftig werden zu lassen. So traf sich der Rat der Hau de no sau nee am Buffalo Creek und wies die Vereinbarung zurück, obgleich der Kongreß der Vereinigten Staaten den Vertrag ratifizierte.

Die Vereinigten Staaten gehen aus unerfindlichen Gründen davon aus, das die Hau de no sau nee mit dem Jahre 1784 aufgehört haben, als Volk zu existieren, obgleich das Langhaus bis zum heutigen Tag noch besteht. Es gibt ausreichende Beweise dafür, daß alle Nationen auch weiterhin an den Belangen des Großen Rates, der gesetzgebenden Körperschaft des Bundes, teilnehmen. Keine der Nationen hat sich jemals von dem Bund losgesagt. Die Oneida, deren vermeintliche Ergebenheit den Vereinigten Staaten gegenüber sich lediglich auf die Existenz von Oneida-Söldnern stützte, entsandten auch weiterhin ihre Vertreter zu den Ratsversammlungen, und die Tuscarora blieben fest mit der Liga verbunden. Die Onondaga, Seneca, Cayuga und Mohawk halten auch weiterhin ihre Position innerhalb des Bündnisses. Obgleich der nach Westen gerichtete Expansionsdrang der USA, die darauffolgende Umzingelung ihrer Gebiete und die steten Versuche, das Volk zu vernichten, den Hau de no sau nee hart zugesetzt haben, arbeitet der Bund der Sechs Nationen noch immer unermüdlich, und es ist nicht zu leugnen, daß seine Kraft heute wieder zunimmt.

Da sie leichtfertig davon ausgingen, daß die Hau de no sau nee nicht mehr existieren, verleibten sich sowohl die USA als auch England unrechtmäßig Gebiete unseres Volkes ein, indem sie einfach behaupteten, das Land gehöre ihnen. Bis zum heutigen Tag hat Kanada, die frühere Kolonie Englands, keinen Vertrag über die Gebiete am St. Lawrence Strom abgeschlossen. Aber die Wahrheit bleibt bestehen und plagt die Behörden heute noch. Die Gebiete der Hau de no sau nee sind und waren niemals Teil der USA oder Kanadas. Die Bürger der Hau de no sau nee sind ein eigenständiges Volk und weder Kanada noch den USA zugehörig. Aus diesem Grund weigern sich die Hau de no sau nee, eine Grenze anzuerkennen, die von einem fremden Volk durch unser Land gezogen wurde.

Die Politik der Enteignung gegenüber den nordamerikanischen eingeborenen Völkern, zunächst durch die europäischen Königreiche und später durch die Regierungen der Siedler praktiziert, setzte mit der ersten Kontaktaufnahme zu den Europäern ein und nahm die unterschiedlichsten Formen an: da war der sogenannte „gerechte Krieg", der aus der Strategie bestand, den Eingeborenen eine Zuwiderhandlung gegen die Krone zu unterstellen, was ihre Vernichtung durch Feuer und Schwert rechtfertigte. Dem folgte die Periode der Verträge, in der die eingeborenen Nationen dazu „überredet" wurden, ihr Land zu verkaufen und nach Westen abzuziehen. Die Vertragsperiode war zu Beginn des 19. Jahrhunderts voll im Schwange. 1815 warb der Gouverneur von New York für die Entfernung aller Eingeborenen aus dem Staate „zu ihrem eigenen Wohle".

Während der berüchtigte „Trail of Tears" (Pfad der Tränen) Eingeborene vom Südosten nach Oklahoma brachte, setzte sich der Staat New York 1838 für einen Vertrag ein, der vorsah, die Hau de no sau nee nach Kansas umzusiedeln, da der Staat das Land, das sie bewohnten, für sich beanspruchte. Die Hauptleidtragenden dieser Maßnahme sollten die Seneca sein.

Die Umsiedlungspolitik wurde, wie auch ein Jahrhundert später die Politik der Endlösung, allmählich aufgegeben, zum Teil wegen der schlechten Presse, die sie während der Umsiedlung der Cherokee 1832 erhielt. Während der Vertreibung fanden Tausende von Männern, Frauen und Kindern der Cherokee durch Kälte, Hunger und unzureichende Versorgung den Tod.

1871 verabschiedete der Kongreß ein Gesetz, das Vertragsabschlüsse mit „indianischen Nationen" verbot. Zu dieser Zeit begann die offizielle Politik der Vereinigten Staaten mit einer neuen Strategie. Eingaben an den Kongreß drängten darauf, die Eingeborenen so schnell wie möglich in die Gesellschaft der Vereinigten Staaten zu integrieren. Die Politik von Feuer und Schwert verlor in der Bevölkerung zunehmend an Popularität. Das größte Hindernis bei der Eingliederung in die amerikanische Gesellschaft stellte, nach Meinung der eifrigsten Befürworter, der indianische Landbesitz dar. Indianisches Land war Allgemeinbesitz, was in den Augen der Vereinigten Staaten als unzivilisiert und unamerikanisch galt. Die Anhänger der Assimilation machten geltend, daß jede indianische Familie rascher „zivilisierte" Züge annehmen würde, wenn sie ihre eigene Farm besäße. So wurden die eingeborenen Nationen nach einer Verordnung des Dawes Act von 1886 ihres Landbesitzes beraubt und Millionen Hektar wechselten über in europäische Hände.

Auf die Gesetzgebung von New York wurde beständig Druck ausgeübt, die Hau de no sau nee zu „zivilisieren". Um das erfolgreich durchzuführen, mußten alle nationalen Eigenheiten der Hau de no sau nee zerstört werden. So hat die Politik, die die Indianer dazu erzieht, die europäische Kultur zu übernehmen, ihren Ursprung im 19. Jahrhundert. Man nahm an, daß es nach einer erfolgreichen Europäisierung keinen Indianer mehr geben würde, der sich als eigenständig und unabhängig betrachtete, und damit auch kein indianisches Volk mit Anspruch auf ein eigenes Brauchtum und eine eigene Ökonomie. An diesem Punkt angelangt, könnte man einfach behaupten, der Indianer habe sich in die Gesellschaft der Vereinigten Staaten oder Kanadas eingegliedert, und in der Folge würde das gesamte Konzept einer eingeborenen Nation ausgelöscht werden, was wiederum die Ansprüche dieser Nationen auf ihr angestammtes Land wertlos erscheinen ließe. Der Bericht des Whipple Komittees an die Gesetzgebung von New York im Jahre 1888 war klar und deutlich: „Rottet den Stamm aus".

1924 setzte die kanadische Regierung die Regierung der Hau de no sau nee im Gebiet des Grand River „ab". Die Oneida- und Akwesasne-Gebiete wurden von den kanadischen Truppen überfallen und besetzt, um im Namen der Demokratie neo-koloniale „Wahlsysteme" einzurichten. Ebenfalls 1924 verabschiedete die Regierung der Vereinigten Staaten ein Gesetz, das alle amerikanischen Indianer zu US-Bürgern erklärte. Dieses Einbürgerungsgesetz von 1924 war ein Versuch, die Existenz von eingeborenen Nationen sowie die Rechte dieser Nationen auf ihr Land zu verleugnen. Die Verleugnung der Existenz von eingeborenen Nationen ermöglicht es, die Ansprüche der Kolonisten auf deren Land juristisch zu rechtfertigen. Dieses Konzept wird durch das Einsetzen von nicht-eingeborenen Regierungsformen gefördert. Es kommt auch den Bedürfnissen der Kolonialherren entgegen, alles was nach Unabhängigkeit aussieht, zu zerstören. Die tatsächliche Landnahme kann dann ausgeführt werden, wenn die eingeborene Nation in ihrem ursprünglichen Zusammenhang nicht mehr existiert, wenn sie überhaupt keine Nation mehr darstellt.

Da nun jeder Anschein der ursprünglichen nationalen Zusammenhänge zerstört ist, können Kanada und die USA die Integration für vollzogen erklären. Mit dieser Erklärung in der Hand schicken sich beide Regierungen an, ihren endgültigen Lösungen des „Indianerproblems" Gesetzeskraft zu verleihen.

Die Hau de no sau nee haben nachdrücklich Einspruch gegen das Einbürgerungsgesetz erhoben und bestehen bis heute darauf, daß die Menschen des Langhauses nicht Staatsbürger von Kanada oder den Vereinigten Staaten sind, sondern Bürger ihrer eigenen Nation innerhalb der Liga.

Die „Termination Acts" (Endlösungsgesetze) der fünfziger Jahre waren ein Versuch, die eingeborenen Nationen einfach für nicht mehr existent zu erklären und sich ihr Land anzueignen. Diese Gesetze waren so unheilvoll, daß sie so etwas wie einen nationalen Skandal heraufbeschworen. „St. Regis", wie der europäische Name für Akwesasne lautet, war nur eines unserer Gebiete, das vom Büro für indianische Angelegenheiten (BIA) als „integrationsbereit" bezeichnet wurde.

Das BIA stützte seine Empfehlung auf die Tatsache, daß viele Mohawk zumindest einige der wesentlichen Bedingungen erworben hatten, durch die sich ihre Gemeinschaft zumindest äußerlich nicht mehr von den weißen Gemeinden

52

unterscheiden ließ. Tatsache ist jedoch, daß Akwesasne sich damals wie heute noch von den kleinen Städten in der Umgebung deutlich unterscheidet.

Die „Endlösung" verschwand als offizielle Regierungspolitik in den späten Sechzigern endgültig von der Bildfläche, aber sie war ohnehin nur ein Mittel zum Zweck gewesen. Der Zweck ist die ökonomische Ausbeutung eines Volkes und seines Landes. Die Enteignung von Land und die Verleugnung und Zerstörung der eingeborenen Nation sind wirkliche und unbestrittene Bestandteile in jedem Kolonisierungsprozeß, der einem Volk, das von einem Siedlerstaat umgeben ist, aufgezwungen wird. Mittel, dieses Ziel zu erreichen, sind Schußwaffen, Krankheiten, fälschende Geschichtsschreibung, repressive Missionare, sowie indoktrinierende Lehrer — und der Einsatz dieser Mittel findet oft unter dem Deckmantel von Gesetzestexten statt. Im 20. Jahrhundert dient die Landnahme und die kulturelle und wirtschaftliche Zerstörung der Eingeborenen dazu, sie in die Rolle von industriellen Arbeitnehmern zu drängen — derselbe Prozeß, durch den sie im 19. Jahrhundert in den USA und Kanada in die Rolle von leibeigenen Landarbeitern gedrängt wurden.

375 Jahre waren jahrelang die Hau de no sau nee in jeder Hinsicht ein unterdrücktes Volk. Sie sind den alles vernichtenden Anstürmen von seiten Frankreichs, Englands und der Vereinigten Staaten ausgesetzt gewesen. Ihr Volk ist von seinem Land vertrieben, seines Reichtums beraubt und seines Brauchtums wegen verfolgt worden. Es ist das Opfer betrügerischer Machenschaften dreier europäischer Regierungen geworden, die sich zu ihrer Absicht, die Hau de no sau nee auszurotten, offen bekannt haben. Unsere Kinder wurden dazu angehalten, ihre Vorväter, ihre Kultur, ihren Glauben und ihre traditionelle Wirtschaftsform zu verachten. In neuester Zeit hat ein von der Regierung unterstützter Modetrend dazu geführt, daß zweisprachige und bi-kulturelle Erziehungsprogramme in den Schulen eingeführt wurden. Diese Programme sind kein ernsthafter Versuch, die Hau de no sau

nee in ihrer Eigenständigkeit zu beleben, sondern nur eine weitere List der Integrationspolitiker, um ,,Anerkennung" durch die herrschende Kultur vorzutäuschen.

Revisionistische Historiker der Vereinigten Staaten und Groß-Britanniens haben die Vergangenheit in einen Schleier von Lügen gehüllt. Die kolonialen Machthaber und ihre neo-kolonialen indianischen Helfer haben die nationalen und lokalen Regierungen der Hau de no sau nee unterdrückt und sich ihrer bemächtigt, nur um eine repressive Poilitik im Namen der ,,Demokratie" zu betreiben. Generation um Generation mußte zusehen, wie das Land der Hau de no sau nee und damit ihre wirtschaftliche Grundlage unter der expansionistischen Politik der Vereinigten Staaten, Kanadas und Groß-Britanniens immer stärker zusammenschrumpfte.

Die Propaganda-Maschinerie der kolonialen Regierungen erzählt der Welt, daß die Hau de no sau nee ,,Opfer von Zivilisation und Fortschritt" geworden seien. Die Wahrheit ist, daß sie Opfer von bewußten und beständigen Zerstörungsversuchen seitens der europäischen Regierungen und deren Erben in Nord-Amerika sind. Die Hau de no sau nee leiden nicht an einer tödlichen Krankheit mit natürlicher Ursache — sie werden bewußt von jenen zu Tode gewürgt, die aus ihrem Abtreten Nutzen ziehen würden.

Obwohl Verträge oft schlechte Geschäfte für die Eingeborenen waren, zogen es die Vereinigten Staaten nichtsdestotrotz vor, ihre Existenz zu ignorieren, da sie die Rückgabe eines großen Teiles der ökonomischen Basis und Selbstbestimmung an die Hau de no sau nee verlangt hätten. Die Verträge beinhalten die potentielle Möglichkeit eines Überlebens der Eingeborenen als unabhängige Nation. Die Mißachtung von Verträgen ist wesentlich für die Durchsetzung der Machtinteressen der Vereinigten Staaten und Kanadas, die darauf abzielen, jedes Hindernis, das sich ihnen bei der Ausbeutung der Erde und deren Völker in den Weg stellt, beiseite zu räumen.

Die europäischen Nationen der westlichen Hemisphäre

fahren fort, Krieg gegen die Hau de no sau nee zu führen. Die Waffen haben sich etwas geändert: zuerst werden indianische Erziehungsprogramme und weiße Sozialarbeiter, neokoloniale indianische Beamte und rassistische Gesetze eingesetzt. Wenn diese Methoden fehlschlagen, stehen immer noch Gewehre bereit, wie es die jüngste Geschichte in Akwesasne und Süd-Dakota bewiesen hat.

Die Auswirkungen all dieser politischen Maßnahmen sind die Zerstörung der Kultur und damit der Wirtschaft des Langhausvolkes gewesen. Die traditionelle Ökonomie ist weitgehend von der kolonialen Ökonomie verdrängt worden, die den Interessen der multi-nationalen Konzerne dient. Die koloniale Ökonomie entzieht dem Volk der Hau de no sau nee Arbeitskraft und Rohstoffe zugunsten der Kolonisatoren. Die christlichen Religionen, die Schulsysteme, die neo-kolonialen Wahlsysteme, sie alle arbeiten auf dieselben Ziele hin.

Wir sind heute ein wirtschaftlich armes Volk. Nur wenige von uns können es sich noch leisten, die spirituellen Zeremonien zu unterstützen, die die Grundlagen unserer traditionellen Ökonomie bilden. Die Geldwirtschaft ist in der realen Wirtschaft unseres Volkes nicht anwendbar. Nur wenige von uns nehmen noch an der häuslichen Produktionsweise teil, die unsere traditionelle Wirtschaftsform bestimmt. Das ist darin begründet, daß das Erziehungssystem der Kolonisatoren neo-koloniale Regierungen in unsere Gebiete gebracht hat und noch systematischer gewaltsamere Versuche unternommen hat, unsere Kultur zu zerstören. Auf einem Teil des Gebietes der Hau de no sau nee wird ein Drittel aller beschäftigungsfähigen Arbeiter mit Geldern der amerikanischen und kanadischen Regierungen bezahlt. Damit werden nicht nur potentielle Führer der Hau de no sau nee in wirtschaftliche Abhängigkeit von der Regierung gesetzt, sondern auch die Bevölkerung von der häuslichen Produktion geholt. Die traditionelle Wirtschaft ist schweren Angriffen von allen Seiten ausgesetzt — was bleibt, ist eine Wirtschaft der Ausbeutung.

Die politische Unterdrückung, die wirtschaftliche Unterdrückung und die soziale Unterdrückung haben alle dasselbe Gesicht. Sie sind die Werkzeuge des Völkermordes in Nord-Amerika.

Der Völkermord ist im Gebiet der Hau de no sau nee zur Alltäglichkeit geworden. Seine Experten sitzen in Washington, Ottawa und Albany, seine Mittelsmänner kontrollieren Schulen, Kirchen und die Büros des neo-kolonialen „Wahl-Systems", die sich auf unserem Gebiet befinden. Die Unterdrückung der Hau de no sau nee hat ihren Tribut verlangt — aber die Hau de no sau nee fahren fort, sich im Rat zu treffen und die Zahl ihrer Mitglieder nimmt wieder zu. Die Hau de no sau nee, das Volk des Langhauses, haben noch immer eine lange Geschichte vor sich. Wir haben Strategien entwickelt, den ökonomischen Auswirkungen der Bedingungen, denen wir ausgesetzt sind, zu widerstehen. Aber diese Strategien erfordern es, daß wir unsere sozialen und politischen Institutionen wiederbeleben. Das kann nur auf genügend Land innerhalb der alten Grenzen unserer angestammten Gebiete verwirklicht werden.

Wir leben in einer Zeit, in der wir große Veränderungen innerhalb der Wirtschaft der Kolonisatoren erwarten. Die herrschenden Weltmächte scheinen auf erfolgreichen Widerstand gegen eine Expansion in Afrika, Asien und anderen Teilen der Welt zu stoßen. Wir werden bald das Ende einer Wirtschaft erleben, die sich auf die Versorgung mit billigem Öl, natürlichem Gas und anderen Rohstoffen stützt, und das wird das Gesicht der Welt deutlich verändern.

Im Moment gibt es mehr Reichtum, mehr Güter und Dienstleistungen, mehr Automation als es jemals in der Geschichte der Menschheit gegeben hat. Die Welt lebt in einem Zeitalter vorfabrizierten Überflusses. Aber die Menschheit ist selten mit den Kosten dieses Überflusses konfrontiert worden, die sie in Form von Menschenleben und Leid selbst zu bezahlen hat. Selbst die Menschen in Nord-Amerika, die von all diesen „Vorteilen" sichtlich profitieren, scheinen das Ausmaß der Zerstörung, die sich vor ihren Augen abspielt, nicht wahrzunehmen. Das „moderne Zeitalter" und die Werte seines Konsumverhaltens haben auf sehr grundsätzliche Art und Weise die Wesensstruktur menschlicher Gesellschaft und die grundlegenden Bedingungen der Natürlichen Welt verändert.

Die moderne Familie ist eine Einrichtung, die gegenwärtig großen Belastungen ausgesetzt ist. Die Familie in der westlichen Gesellschaft hat im letzten Jahrhundert große Veränderungen durchlebt. Da die „Verwestlichung" der Welt fortschreitet, werden alle Völker dieser Erde noch mit ähnlichen Belastungen und Unruhen konfrontiert werden.

Wir, die Hau de no sau nee, haben klare Entscheidungen für die Zukunft getroffen. Eine der Entscheidungen, vor der wir standen, war, uns bereitwillig „verwestlichen" zu lassen, oder der Lebensweise unserer Vorväter treu zu bleiben. Wir haben unsere Auffassung von der Geschichte jener Veränderungen, die die gegenwärtigen Bedingungen geschaffen haben, klar dargelegt. Wir haben entschieden, Hau de no sau nee zu bleiben und innerhalb des Zusammenhalts unserer Lebensweise einen Kurs der Befreiung für uns und die zukünftigen Generationen einzuschlagen.

Unser Befreiungsprozeß gilt nicht ausschließlich nur uns Menschen, sondern schließt alle Formen des Lebens mit ein, die diese Erde mit uns teilen und wie wir unterdrückt sind. Die Befreiung der Natürlichen Welt ist ein Prozeß, der unter sehr schwierigen Voraussetzungen in Angriff genommen werden muß. Die Menschen, die uns umgeben, scheinen entschlossen zu sein, sich selbst und alles Leben zu zerstören.

In den vergangenen vierhundert Jahren haben die Hau de no sau nee großen Einfluß auf das Leben von Millionen Menschen ausgeübt. Theorien über Demokratie und klassenlose Gesellschaften sind aus den unzulänglichen Interpretationen der wahren Natur dieser Ideale entwickelt worden. Diese Konferenz mag der Auftakt für einen Prozeß sein, der sich auf ein realistischeres Verständnis dieser Konzepte zubewegt.

In unserer Heimat kämpft unser Volk noch immer um Möglichkeiten und Strategien zum Überleben. Im Land der Mohawk hat unser Volk Gebiete neu besetzt, um unsere Kultur und Wirtschaft wieder zu beleben. Diese Siedlung, die als Ganienkeh bekannt ist, wird schon seit über 3 Jahren erfolgreich gehalten. Die Oneida haben jahrelang vor Gericht um über 1000 Quadratkilometer ihres Landes gekämpft, die im 18. Jahrhundert widerrechtlich besetzt worden waren. Die Cayuga kämpfen auch darum, 400 Quadratkilometer zurückzubekommen, die zur selben Zeit gestohlen worden waren. Die Onondaga und Tuscarora kämpfen unaufhörlich darum, die Kontrolle über die Erziehung ihrer Kinder zurück zu erhalten. Die Seneca sind in einen langen Kampf hineingedrängt worden, um die letzten Reste ihres noch immer unter traditioneller Regierung stehenden Gebietes im Tonawanda Territorium zu schützen. Mit jedem neuen Tag unseres Lebens müssen wir uns gegen eine neue Form des Eingriffs von Seiten des Staates New York oder der Regierungen der Vereinigten Staaten und Kanadas verteidigen.

Wenn wir weiterhin überleben wollen, brauchen wir die Hilfe der internationalen Gemeinschaft und internationale Präsenz, um etwas Stabilität in die Situation unseres Volkes hineinzutragen. Zu oft mußten wir schon erfahren, daß das, was heute ein gutes Gesetz ist, morgen in ein schlechtes Gesetz verändert werden kann. Sowohl Kanada als auch die Vereinigten Staaten haben uns bewiesen, daß ihre Rechtssysteme Teil der politischen Maschinerie sind, die die Unterdrückung unseres Volkes bewirkt.

Wir sind eigenständige Nationen nach jeder Definition dieses Begriffes. Wir sind bislang nicht in der Lage gewesen, auch nur einen Anschein von Gerechtigkeit in den Gerichten der Vereinigten Staaten und Kanadas zu erlangen und wir sind Opfer unglaublicher Ungerechtigkeiten geworden, die furchtbare wirtschaftliche und soziale Folgen für unser Volk haben. Viele unserer rechtlichen Probleme betreffen Landbesitz und Landeshoheit, und das Land ist die Grundlage unserer Wirtschaft. Wir versuchen unsere Rechte auf diesen Gebieten unter internationalem Gesetz zu erlangen.

Schließlich benötigen wir wirtschaftliche Unterstützung, in Form von wirtschaftlichem und technischem Beistand. Wir wissen, daß es verschiedene Persönlichkeiten gibt, die die technische Erfahrung und einen Blick für die Entwicklung innerhalb des Zusammenhalts spezifischer Kulturen besitzen. Unser Fall eignet sich für die Beratungen des Entkolonialisierungs-Komittees der Vereinten Nationen. Wir befinden uns in dem Kampf, unsere Gebiete und unser Leben zu entkolonialisieren, aber wir können dieses Ziel nicht allein und ohne Hilfe verwirklichen.

Seit Jahrhunderten wissen wir, daß die Handlungen eines jeden Einzelnen Bedingungen und Situationen schaffen, die die Welt beeinflussen. Seit Jahrhunderten haben wir sorgfältig jede Handlung vermieden, die nicht weitgehend dazu diente, der Welt Harmonie und Frieden zu bescheren. In diesem Zusammenhang sind wir mit unseren Brüdern und Schwestern der westlichen Hemisphäre hierher gereist, um diese wichtigen Angelegenheiten mit den anderen Mitgliedern der Familie der Menschen zu besprechen.

Unsere Überlebensstrategie

Dem Eindringen europäischer Mächte in die westliche Hemisphäre gingen in Europa Jahrhunderte sozialer Entwicklungen voraus, deren Ergebnis Gesellschaften waren, in denen die Interessen einer Minderheit die internationale Politik bestimmten und die Interessen der Mehrheit in den Angelegenheiten der Nation ohne Stimme blieben. Wenn wir eine Strategie des Überlebens in der modernen Welt entwickeln wollen, ist es notwendig, auf diejenigen Kräfte und Prozesse zu schauen, die das Überleben bedrohen, und anzufangen, die wirklichen Beweggründe dahinter zu begreifen. Vor dem Hintergrund einer solchen Analyse können wir beginnen, lebensfähige Alternativen und Strategien zu entwickeln, die es uns ermöglichen, in einer vorhersehbaren Zukunft zu überleben.

In der Geschichtsschreibung der Kolonisatoren lag das Hauptaugenmerk immer auf der politischen Geschichte. Die Armeen Alexanders des Großen eroberten den größten Teil der bekannten alten Welt, und wenn alte Geschichte studiert wird, so wird Alexander studiert. Aber ist die politische Geschichte wirklich der richtige Brennpunkt? Hat es auf die Dauer gesehen irgendeinen Unterschied ausgemacht, ob Alexander der Große oder Nebukadnezar oder Akhnaton oder eine andere Figur der politischen Geschichte jemals gelebt hat? Abgesehen von dem Einfluß, den der Aufstieg des Julius Cäsar zur Macht auf einige Individuen der römischen Aristokratie hatte, wäre die Geschichte etwa anders verlaufen, wenn es ein anderer General gewesen wäre, der es gewagt hätte, den Rubikon zu überqueren? Ist die politische Geschichte der richtige Ansatz für die Geschichte, wenn man nach dem sucht, was das Leben von Milliarden von Menschen auf der ganzen Welt entscheidend verändert hat?

Die wirklich entscheidenden Entwicklungen in der Weltgeschichte sind von den Historikern zum größten Teil ignoriert worden. Die bedeutendsten Veränderungen waren die auf dem Gebiet des technologischen Wandels. Sozialgeschichte ist größtenteils die Aufzeichnung der Geschicke von Interessengruppen, die aus irgendeinem Grund irgendeiner technologischen oder kulturellen Bewegung verbunden waren. Wenn wir nach wirklichen Revolutionen in der Kulturgeschichte suchen, erscheint uns dann nicht das Aufkommen von Ackerbau und Viehzucht oder der Bewässerungstechnologie tausendmal bedeutender in der Geschichte der Menschheit als die Abenteuer und politischen Geschicke der Adligen und Herrscher Europas?

Es ist wichtig, daß wir, die wir nach Wegen des Überlebens im zwanzigsten Jahrhundert suchen, anfangen, neue Definitionen und Sichtweisen einzuführen, während wir danach streben, die Vergangenheit besser zu begreifen. Wir müssen in erster Linie auf die Geschichte zurückblicken, da sie uns reichhaltiges Material liefert, mit dessen Hilfe wir jenen, der westlichen Zivilisation anhaftenden Prozeß finden können, der ganze Gesellschaften lähmt und unfähig macht, dem Prozeß der Kolonisierung zu widerstehen. Wir müssen diesen Prozeß identifizieren, der so oft die Menschen dazu verführt, unbewußt die Elemente ihrer eigenen Unterdrückung neu zu beleben, obgleich sie sich ernsthaft darum bemühen, der Kolonisierung zu widerstehen und diese zu zerstören. Und schließlich müssen wir begreifen, daß in der Kolonisierung die Grundlagen sozialer Organisation stecken, die die Welt heute in eine Krise führen, die uns für eine vorhersehbare Zukunft Massenhunger, Armut und unbeschreibliche Hoffnungslosigkeit verspricht.

Die momentane Krise, die die Welt erschüttert, ist nicht schwer zu durchschauen. In der westlichen Hemisphäre verbrauchen die USA mit 6 % der Weltbevölkerung 40 % der

Energievorräte der Welt. Unser Planet hat nur einen begrenzten Vorrat an fossilen Brennstoffen und man schätzt, daß bei der derzeitigen Verbrauchsrate die Völker der Welt innerhalb von 30 Jahren mit einigen dieser Energiequellen am Ende sein werden; das gilt vor allem für Erdöl und Erdgas. Während die billigen Energiequellen bereits knapp zu werden drohen, ist es vorhersehbar, daß die Weltwirtschaft leiden wird und mit ihr die Menschheit, die von dieser Wirtschaft abhängig ist. Wenn man das Wachstum der Weltbevölkerung neben die gegenwärtige Beziehung zwischen Energievorräten und Nahrungsmittelproduktion stellt, wird offensichtlich, daß eine weltweite Hungersnot im Bereich des Möglichen liegt.

Das Gespenst von regionalen oder sogar weltweiten Hungersnöten kann nicht als das simple Produkt einer Welt mit Energieverknappungen, die auf die übermäßigen Bedürfnisse einer wachsenden Weltbevölkerung zurückzuführen sind, erklärt werden. So einfach ist die Situation nicht. In den Vereinigten Staaten z. B. würde ein einfaches Energiesparprogramm (die Isolierung von Wohnungen, Büro- und Industriegebäuden) den Energieverbrauch innerhalb von zehn Jahren um mehr als 25 % zurückschrauben. Selbst wenn man von den gegenwärtigen Voraussagen hinsichtlich des Bevölkerungs- und Wirtschaftswachstums ausgeht, könnten die USA im Jahre 2000 den jetzigen Lebensstandard mit einem geringeren Energieverbrauch als heute halten.

Tatsache ist jedoch, daß es höchst unwahrscheinlich ist, daß die USA ein Energiesparprogramm durchführen wird, das den Verbrauch drastisch einschränken würde. Das gegenwärtige politische System der USA wird von Energieinteressen geleitet, deren alleiniges Ziel die Steigerung des Profits ist, und die Energie-Lobby hat kein Interesse daran, Energie zu erhalten. Es gibt in der Tat keinen Bereich innerhalb der US-Wirtschaft, der die Einsparung von Energie in den Vordergrund nationaler Energiepolitik stellen würde, obwohl eine solche Politik ganz offensichtlich verschwendete Energie erhalten würde, die für die Produktion von Nahrungsmitteln eingesetzt werden könnte. Die Probleme, denen wir heute als Gattung, die einen Planeten mit nur begrenzten Rohstoffvorräten bewohnt, gegenüberstehen, entstehen nicht einfach durch physikalische Begrenzungen, sondern aufgrund politischer Tatsachen. Es ist eine harte Realität, daß das Elend, das es auf dieser Welt gibt, im Interesse des Profits gelenkt wird. Politik und Wirtschaft sind im Westen zutiefst miteinander verstrickt und soziale Überlegungen haben in den Hauptstädten der Welt nachrangigen Wert. Es ist unwahrscheinlich, daß die Energieerhaltung zu einer allgemeinen Richtlinie der Politik in den westlichen Ländern erhoben werden wird. In den Augen der multi-nationalen Energie-Konzerne ist die annehmbare Alternative die, mit dem Bau von Atomkraftwerken, besonders von schnellen Brütern, noch mehr Energie zu produzieren. Der Anstieg der Energiepreise, der die Nahrungsmittelpreise in die Höhe treiben und so die Armen vom Lebensmittelmarkt vertreiben wird, wird neues unvorhersehbares Elend zur Folge haben. Das wird neuen Stoff für die Propagandafeldzüge der Multis bieten, die die Atomenergie noch notwendiger erscheinen lassen werden.

Technologien haben politische Vettern. Dieselben Leute, die die Öl-Anteile besitzen, haben in vielen Parlamenten genügend Einfluß, um zu verhindern, daß ernsthafte und auf breiter Basis beruhende Versuche zur Energieerhaltung durchgeführt werden. Sie haben die Möglichkeit, die Regierungen dazu anzuhalten, Energie-Entwicklungspläne zu unterstützen, die ihnen Kontrolle über die nutzbaren Energiequellen der gesamten Welt und somit die Kontrolle über den Weltmarkt überlassen. Dieselben Leute bilden in der westlichen Welt eine Interessensgruppe, die sich darum bemüht, jeden Bereich des wirtschaftlichen Lebens aller Völker unter Kontrolle zu bekommen. Praktisch jedes westliche Volk wird von ihren Technologien für die Energie- und Lebensmittelherstellung abhängig sein und alle, die den von ihnen kontrollierten Markt betreten, werden kolonisiert werden.

Die Wurzeln einer zukünftigen Welt, die Elend, Armut, Hunger und Chaos verspricht, liegen in den Prozessen, welche die örtlich-spezifischen Kulturen der Völker der Welt kontrollieren und zerstören. Die Völker und Gebiete der Welt sind von den riesigen multi-nationalen Konzernen abhängig, die die Herstellung, die Verteilung und den Verbrauch kontrollieren, und nur in dieser Hinsicht sieht die Zukunft dunkel und unheilvoll aus. Aus diesem Grund muß die Definition des Kolonialismus im Bewußtsein der Völker auf dem Planeten Erde erweitert werden. Kolonialismus ist ein Prozeß, durch den eingeborene Kulturen im Interesse einer weltweiten Marktwirtschaft untergraben und schließlich zerstört werden. Ganz im Gegensatz zu den Lehren der Kolonialisten sind die Interessen der weltweiten Marktwirtschaft genau die Interessen, die in den kommenden Jahrzehnten die Menschheit in eine Krise zu stürzen drohen.

Das genaue Gegenteil zu diesem Prozeß wäre die Wiederbelebung regional verwurzelter Kulturen auf der ganzen Welt.

Vor dem Auftauchen des Kolonialismus wurde Kultur als die Lebensweise definiert, mit der Menschen in ihrer spezifischen Umwelt überlebten, und ihre Umwelt war definiert als das Gebiet, in dem sie lebten. So schloß der Prozeß des Überlebens den Gebrauch von örtlich entwickelten Technologien ein, die den besonderen Gegebenheiten der Gegend gerecht wurden. Es wurde bereits erwähnt, daß Technologien politische Vettern haben, und so verhält es sich auch bei den örtlich entwickelten Technologien. Dezentralisierte Technologien, die die Bedürfnisse derjenigen Menschen befriedigen, denen diese Technologien dienen, werden notwenigerweise auch eine ganz andere Art von politischer Struktur entstehen lassen, und man kann mit Sicherheit voraussagen, daß diese anti-kolonialer Natur sein wird.

Der Kolonialismus ist ein zentraler Bestandteil der bevorstehenden Weltkrise. Die Entwicklung von befreienden Technologien, von denen viele bereits existieren, aber von den politischen Bewegungen größtenteils unbeachtet blieben (sogar von den anti-kolonialen politischen Bewegungen), ist ein notwendiger Teil des Entkolonialisierungsprozesses. Befreiungstechnologien sind solche Technologien, die von einem spezifischen Volk an einem spezifischen Platz angewendet werden können, und die dieses Volk aus der Abhängigkeit multi-nationaler Konzerne und Regierungen, die von den Multis kontrolliert werden, befreien. Befreiende Technologien sind solche, die die Bedürfnisse der Menschen innerhalb ihrer eigenen Kultur befriedigen und die nicht vom Weltmarkt abhängig sind. Windmühlen können eine Form der befreienden Technologie sein — ebenso Wasserräder, Sonnenkollektoren, Biogas-Anlagen, unterirdischer Hausbau — die Liste ist sehr lang.

Kolonialismus, so wie wir ihn kennen, ist das Produkt einer jahrhundertelangen sozialen, wirtschaftlichen und politischen Entwicklung des Westens. Über Jahrhunderte hinweg standen die ,,Volkskulturen", wie sie so beschönigend genannt wurden, unter dem Druck verschiedenster Herkunft — von Kriegsherren, Königen, Päpsten und Großgrundbesitzern, in deren Interesse es lag, die Arbeit der Armen und Besitzlosen auszubeuten. Dieser Prozeß setzt sich heute noch fort, auch wenn er sich insofern verfeinert hat, als die Ausbeutung in den Händen der multi-nationalen Konzerne liegt, die fortfahren, auf Kosten der Armen der Welt Profite zu machen.

Man kann leicht beweisen, daß die Lebensmittelverknappung fast gänzlich das Produkt kolonialer Interessen ist. Es gibt Gebiete in der Dritten Welt — gewöhnlich sind es die ertragreichsten Anbaugebiete —, die heute fast ausschließlich Export-Güter produzieren, während die eingeborene Bevölkerung und selbst die Nachkommen der Kolonialherren hungrig in die Bananen-, Kaffee- und anderen Plantagen der Multis arbeiten gehen. Politische Bewegungen, die diese Fehler beseitigen wollten, haben in der Regel versucht, die Regierungen zu stürzen, weil sie korrekterweise diese als Werk-

zeug der Unterdrückung und als Sammelstelle für den maß-
losen Reichtum der Ausbeuter erkannt haben.

Die meisten bisherigen Befreiungsbewegungen haben jedoch die schrecklichsten Auswirkungen des Kolonialismus
nicht beheben können, da sie davon ausgingen, daß das Problem allein in der Tatsache liege, daß private Interessen den
Staat zu ihrem eigenen Nutzen kontrollierten. Der Irrtum
dieser Bewegungen liegt darin, daß sich ihre Befreiungsbemühungen immer nur auf einzelne Personen konzentrierten,
ebenso wie die Geschichte annimmt, daß Julius Cäsar für die
geschichtliche Entwicklung des Westens von irgendeiner Bedeutung gewesen sei. Sie begriffen nicht, daß es gleichgültig
ist, ob Del Monte (amerikanischer Lebensmittelkonzern)
oder eine Befreiungsbewegung das Zuckerrohr anbaut, daß
das Problem vielmehr darin liegt, daß Export-Erträge nicht
die Bedürfnisse der Eingeborenen befriedigen. Die meisten
Befreiungsbemühungen beleben deshalb mehr oder weniger
die Abhängigkeit, die sie abzuschaffen versuchen, nur von
neuem. Sie versuchen noch nicht einmal, ein Konzept für befreiende Technologien zu entwickeln, und sie verstehen
nicht, daß es notwendig ist, von der Weltmarktwirtschaft
unabhängig zu werden, da der Weltmarkt letztlich von Interessen kontrolliert wird, die Macht und Profit suchen und die
nicht auf die Bedürfnisse der Völker der Welt eingehen.

Der bevorstehenden Krise im Nahrungs- und Energiebe-
reich eine umfassende Strategie des Überlebens entgegenzusetzen, muß ein Konzept für befreiende Technologien mit
einbeziehen, das die Völker aus der Abhängigkeit von Öko-
nomien befreit, die von auswärtigen Interessen kontrolliert
werden. Befreiungstechnologien haben ebenso wie die kolo-
nisierenden Technologien politische Vettern und diese ver-
dienen besondere Aufmerksamkeit. Befreiungstechnologien
sind begleitet von freiheitlichen politischen Strukturen und
freiheitlichen Theologien. Kolonisierte Völker des Westens
wären gut damit beraten, einen erheblichen Anteil ihrer
Energie vorrangig in die Entwicklung von wahren, freiheitli-

chen Theologien zu investieren.

Befreiungstheologien sind Glaubenssyteme, die die im Westen weit verbreitete Annahme angreifen, daß die Erde ein Gebrauchsgegenstand sei, der zum Zweck materiellen Erwerbs innerhalb eines sich ständig erweiternden wirtschaftlichen Rahmens gedankenlos ausgebeutet werden könne. Eine freiheitliche Theologie wird in den Menschen ein Bewußtsein dafür entwickeln, daß alles Leben auf der Erde heilig ist, und daß die Heiligkeit des Lebens der Schlüssel zu menschlicher Freiheit und menschlichem Überleben ist. Für viele nichtwestliche Völker wird es offenkundig sein, daß die Kraft der ökologischen Systeme der Erde, sich zu erneuern, den Menschen das Leben auf diesem Planeten ermöglicht, und daß — wenn irgend etwas heilig ist, wenn irgend etwas sowohl den Wert als auch die Möglichkeit einer Zukunft für das Leben unserer Gattung auf diesem Planeten bestimmt — es diese Eigenart des Lebens ist, sich immer wieder zu erneuern.

Diese Erneuerungsfähigkeit — die Heiligkeit jedes lebenden Wesens, welche die Menschen mit dem Ort, an dem sie leben, verbindet — diese Wesenheit ist der einzige befreiende Gesichtspunkt in unserer Umwelt. Das Leben ist erneuerbar und alle Dinge, die Leben erhalten, sind erneuerbar, und sie werden erneuert durch eine Kraft, die größer ist als die einer jeden Regierung, größer als jedes lebende oder historische Wesen. Ein Bewußtsein von dem Netz, das alle Dinge zusammenhält, das spirituelle Element, das uns mit der Realität verbindet, und die Offenbarung dieser erneuernden Macht, die in der Existenz eines Adlers oder eines Schneefalls gegenwärtig ist — dieses Bewußtsein war das erste, was von den Kolonisatoren zerstört wurde.

Eine Strategie zum Überleben muß eine befreiende Theologie einschließen (nenne es eine Philosophie oder Kosmologie, wenn Du willst, aber wir glauben, daß es eine Theologie ist) oder die Menschheit wird fortfahren, die Erde als Gebrauchsartikel zu betrachten, und wird ebenso fortfahren, wirksame Wege zu finden, das auszubeuten, was zu achten sie nicht in der Lage ist. Auch wenn diese Prozesse sich auf der Grundlage der Ideologie der Kolonisatoren ungeschwächt und unverändert weiterentwickeln, wird der Mensch niemals von der unabänderlichen Wirklichkeit befreit werden, daß wir auf einem Planeten mit begrenzten Rohstoffvorkommen leben, und daß wir früher oder später unsere Umwelt über ihre Fähigkeit, sich zu erneuern, hinaus ausbeuten müssen.

Unsere Strategie zu überleben ist es, befreiende Technologien zu erschaffen und anzuwenden, in Übereinstimmung und Ergänzung mit einer freiheitlichen Theologie, die aus unserer Kultur heraus entsteht und ein Produkt der Natürlichen Welt ist. Es scheint, daß wir, die Hau de no sau nee, die Erben einer freiheitlichen, politischen Struktur sind, die das älteste beständig arbeitende Regierungssystem der Erde sein mag. Wir wissen, daß unsere traditionellen Technologien aus unserer traditionellen Weltsicht entstanden sind, und daß unsere politische Struktur größtenteils ein Produkt der Technologie und der Elemente der Weltsicht unserer Gesellschaft war.

Die Hau de no sau nee haben den Nicht-Regierungsgebundenen Organisationen der Vereinten Nationen in Genf im Jahre 1977 drei Schriftstücke vorgelegt. Sie waren dazu gedacht, Menschen der westlichen Welt unser Verständnis von der Geschichte des Westens und der Aussichten auf die Zukunft vorzustellen. Seitdem wir die Papiere vorgelegt haben, haben wir viele Schritte unternommen, um für die Zukunft unseres Volkes sorgen zu können. Viele unserer Gemeinschaften kämpfen gegen den Kolonialismus in all seinen Formen. Wir haben Lebensmittel-Kooperativen eingerichtet, Survival-Schools (Überlebens-Schulen), Projekte mit alternativen Technologien, Programme zur Erwachsenenbildung, landwirtschaftliche und handwerkliche Projekte. Ernsthafte Bemühungen, unsere Kultur wieder zu beleben, sind bereits im vollen Gange.

Sotsisowah

Literatur
die diesem Text zugrunde liegt

Agricultural Origins and Dispersals: The Domestication of Animals and Foodstuffs, Carl O. Sauer, MIT Press, 1969

Civilization in the West — From the Old Stone Age to the Age of Louis XIV, Crane Brinton, Prentiss Hall, 1973

Medieval Technology and Social Change, Lynn White Jr., Oxford University Press, 1966

Origin of the Aryans, Isaac Taylor, Gordon Press, 1976

Seed to Civilization; the Story of Man's Food, Charles B. Heiser Jr., W. H. Freeman, 1973

Stone Age Economics, Aldine Press, 1972

Technology in the Ancient World, Henry Hodges, Knopf, 1970

Weiterführende deutschsprachige Literatur

Gaianerekowa — Das Große Friedensgesetz des Langhausvolkes (Irokesenbund), mit Anmerkungen zur Überlieferung aus nordeuropäischer Urkultur, erhältlich bei Land und Leben-Versand, Burgweg 2, 3557 Frauenberg

Die Deganawidha Legende — eine indianische Überlieferung, Grüner Zweig 81, Hrsg. Werner Pieper, Die Grüne Kraft, D-6941 Löhrbach, 1982

Schwarzer Hirsch — Ich rufe mein Volk, Walter Verlag, Olten und Freiburg

Claus Biegert: *Seit 200 Jahren ohne Verfassung — Indianer im Widerstand*, rororo 4056, 1976

Zeitschriften

Akwesasne Notes
Mohawk Nation, via Rooseveltown, N. Y. 13 683   USA

pogrom — Zeitschrift für bedrohte Völker
hrsg. von der Gesellschaft für bedrohte Völker
Redaktion und Vertrieb: Postfach 159, 3400 Göttingen

besonders die Nummern:

54/55/56 Mai 1976
Indianer in Europa — Zur panindianischen Delegation in der Bundesre-
publik — Vollständige Materialien zur internationalen Indianerkonfe-
renz bei den Vereinten Nationen in Genf 1977

Weiterhin möchten wir auf die ausführlichen Literaturlisten bei Claus
Biegert (s. o.) und in pogrom 89/90 verweisen.

'pogrom' informiert über die Situation diskriminierter und verfolgter ethnischer Minderheiten (Mehrheiten) in aller Welt.

Einzel- und Abo-Bestellungen bei:

Gesellschaft für bedrohte Völker

Menschenrechtsorganisation für Minderheiten
Gemeinnütziger Verein
Postfach 159   3400 Göttingen
Tel.: pogrom-Versand 0551/55822
Redaktion 55823
Postscheck Hamburg 297793-207

Nordamerikas Indianer
Letzter Angriff auf unser Land

Beiträge zur Frage indianischer Landrechte in den USA und Kanada mit Artikeln von und über die Lakota, Western Shoshone, Pit River, Inuit (Eskimo) u.a.; Interview mit Leonard Peltier; Abschlußresolution der Arbeitsgruppen der 2. NGO-Konferenz über die Eingeborenenvölker und ihr Land/Genf 1981; Frauen und weibliche Spiritualität; Rohstoffausbeutung der kanadischen Arktis; Botschaften des Traditional Elders Circle, der Hopi und der Lakota Nation; u.v.m.

Vorwort von Claus Biegert.
pogrom Nr. 89/90, Juni/Juli 1982, 120 S. mit vielen Photos, Karten, Graphiken und Literaturliste, DM 5,80

Ermäßigte Reihe INDIANER

Nr. 28 – Südamerikas Tieflandindianer, DM 3,80, 60 S., 3. Auflage 11.–15.000, 5. Jahrg. 1974

Nr. 46 – Ostboliviens versklavte Indianervölker (2. Auflage 6.–10.000, Sonderreport) DM 3,80, 46 S. 7. Jahrg. 1976

Nr. 53 – Unidad Indigena – Kolumbiens Indianervölker, DM 4,80, 108 S., 8. Jahrg. 1977

Nr. 54/55/56 – Indianer sprechen 2 – Indianer in Europa, zur indianischen Situation in zehn Staaten Nord-, Mittel- und Südamerikas, Sonderreport, 2. Auflage 8.–15.000, DM 7,50, 192 S., ca. 200 Photos 9. Jahrg. 1978

Nr. 62/63 – Die frohe Botschaft unserer Zivilisation – evangelikale Indianermission in Südamerika gegen Indianer (Buch), 192 S., DM 7,80, 10. Jahrg. 1979

Nr. 78/79 – Abschlußerklärung des '4. Russel-Tribunals für die Rechte der Indianer Nord-, Mittel und Südamerikas' – Konferenz in Kopenhagen gegen Uranabbau – Indianer in Lybien – Erklärung der indianischen Gemeinschaften von Guatemala – Der Indianerrat von Südamerika und der Geist der Erklärung von Barbados, u.v.m., DM 6,80, 120 S. 12. Jahrg. 1981

Nr. 89/90 – Sonderausgabe Letzter Angriff auf unser Land, zur Situation der indianischen Nationen in den USA und Kanada, DM 5,80, 110 S., 13. Jahrg. 1982

Nr. 95 – Nicaraguas Indianervölker, Indianische Selbstbestimmung von Sandinisten mißachtet, DM 4,--, 60 S., 13. Jahrg. 1982

Nr. 96 – Indianer Brasiliens – Opfer des Fortschritts, DM 4,--, 60 S., 14. Jahrg. 1983

Nr. 99 – Südamerikas Tieflandindianer II – Von der Verweigerung zum Widerstand Venezuela, Kolumbien, Ecuador, Peru, Brasilien, Bolivien – DM 4,--, 60 S., 14. Jahrg. 1983

Alle Hefte zusammen für DM 37,-- statt DM 52,30

AUCH BEI DER MAMMUT PRESSE:

DER AUSBRECHER

AUFGEPASST:
MEIN HUT IST
EIN GEKIPPTER
VERKÜRZTER
ZYLINDER

JETZT RENNE ICH ... DAS
PRINZIP DER GRÖSSE BE-
STIMMT, DASS
DER ARM
&
DAS
BEIN, DIE
VORNE SIND,
GRÖSSER
GEZEICHNET
WERDEN

MEINE ARME UND BEINE SIND
ZYLINDER, DIE SICH AN ELLE-
BOGEN & KNIE TREFFEN

RUNDE DIE KNIE UND
ELLENBOGEN AB...

DANN NOCH DIE EINWICKEL-
STREIFEN...

ZEICHNEN →